中國古典文學基本叢書

曹操集

中華書局

圖書在版編目(CIP)數據

曹操集/(三國)曹操著;中華書局編輯部編. —北京:中華書局,2018.3(2024.8重印)
(中國古典文學基本叢書)
ISBN 978-7-101-13092-8

Ⅰ.曹… Ⅱ.①曹…②中… Ⅲ.曹操(155~220)-文集 Ⅳ.Z423.42

中國版本圖書館CIP數據核字(2018)第033111號

責任編輯:朱立峰
責任印製:陳麗娜

中國古典文學基本叢書
曹 操 集
〔三國〕曹 操 著
中華書局編輯部 編
*
中 華 書 局 出 版 發 行
(北京市豐臺區太平橋西里38號 100073)
http://www.zhbc.com.cn
E-mail:zhbc@zhbc.com.cn
大廠回族自治縣彩虹印刷有限公司印刷
*
850×1168毫米 1/32 · 7⅞印張 · 2插頁 · 124千字
2018年3月第1版 2024年8月第6次印刷
印數:14001-15500册 定價:36.00元

ISBN 978-7-101-13092-8

出版説明

曹操（公元一五五——二二〇年）字孟德，沛國譙縣（今安徽亳州）人，是三國時期傑出的政治家和軍事家，對於文學也有很深的造詣。他的思想對後世影響很大，很值得研究。

這個集子是一九五九年編印的，以丁福保的漢魏六朝名家集本魏武帝集爲底本，稍加整理和補充，並增加了孫子注，是從孫子十家注中抽出來的。詩文部分，曾用三國志、宋書樂志、樂府詩集以及各種類書作了對校，並注明了出處。詩集中謡俗詞不詳出處，苦寒行和善哉行的第三首，諸書及不同版本或標曹操，或標曹丕；塘上行一首或題古辭，或説甄后作，或説曹丕作。現均附存待考，並加注説明。文集卷三報荀彧的第一段，原注出水經湍水注，今檢未見，疑注誤。除本集外，我們把路粹、阮瑀代曹操寫的信收作附録。本書還附有三國志武帝紀（連裴注）和江耦所編曹操年表（初稿曾發表在一九五九年第三期歷史研究），以及曹操著作考（據姚振宗三國藝文志節録）。

本書初版至今，已近六十年。我們這次把它收到「中國古典文學基本叢書」中予以重排再版，除了訂正原版少量文字標點差錯外，還補了幾條舊版印行後陸續發現的佚文。

中華書局編輯部

二〇一八年一月

目録

詩集

文集

卷一

卷 二

卷 三

附　録

孫子注

附録

詩集

氣出唱 三首

駕六龍，乘風而行。行四海外，路下之八邦。歷登高山臨谿谷，乘雲而行。行四海外，東到泰山。仙人玉女，下來翱遊。驂駕六龍飲玉漿。河水盡，不東流。解愁腹，飲玉漿。奉持行，東到蓬萊山，上至天之門。玉闕㈠下，引見得入，赤松相對，四面顧望，視正焜煌。開玉㈡心正興，其氣百道至。傳告無窮閉其口，但當愛氣壽萬年。東到海，與天連。神仙之道，出窈入冥，常當專之。心恬澹，無所惕欲。閉門坐自守，天與期氣。願得神之人，乘駕雲車，驂駕白鹿，上到天之門，來賜神之藥。跪受之，敬神齊。當如此，道自來。樂府詩集卷二十六。

㈠宋書樂志三（殿本）「闕」作「關」。　㈡宋書樂志（殿本）「玉」作「王」。

其二

華陰山，自以爲大。高百丈，浮雲爲之蓋。仙人欲來，出隨風，列之雨。吹我洞簫，鼓瑟琴，何閶闔㊀！酒與歌戲，今日相樂誠爲樂。玉女起，起舞移數時。鼓吹一何嘈嘈。從西北來時，仙道多駕烟，乘雲駕龍，鬱何藹藹。遨遊八極，乃到崑崙之山，西王母側，神仙金止玉亭。來者爲誰？赤松王喬，乃德旋之門。樂共飲食到黄昏。多駕合坐，萬歲長，宜子孫。樂府詩集卷二十六。

㊀樂府詩集「閶闔」作「閭閭」，今依宋書樂志改。

其三

遊君山，甚爲真。磪磈砟硌，爾自爲神。乃到王母臺，金階玉爲堂，芝草生殿旁。東西廂，客滿堂。主人當行觴，坐者長壽遽何央。長樂甫始宜孫子。常願主人增年，與天相守。樂府詩集卷二十六。

精列

厥初生，造化之陶物，莫不有終期。莫不有終期。聖賢不能免，何爲懷此憂？願螭龍之駕，思想崑崙居。思想崑崙居。見期於迂怪，志意在蓬萊。志意在蓬萊。周孔聖徂落，會稽以墳丘。會稽以墳丘。陶陶誰能度？君子以弗憂。年之暮奈何，時過時㊀來微。樂府詩集卷二十六。

㊀宋書樂志「時過時」作「過時時」。

度關山

天地間，人爲貴。立君牧民，爲之軌則。車轍馬迹，經緯四極。黜陟幽明，黎庶繁息。於鑠賢聖，總統邦域。封建五爵，井田刑獄。有燔丹書，無普赦贖。皋陶甫侯，何有失職？嗟哉後世，改制易律。勞民爲君，役賦其力。舜漆食器，畔者十國，不及唐堯，采椽不斲。世歎伯夷，欲以厲俗。侈惡之大，儉爲共㊀德。許由推讓，豈有訟曲？兼愛尚同，疏者爲戚。樂府詩集卷二十七。

㊀宋書樂志「共」作「恭」。

薤露

惟漢二十二㊀世，所任誠不良。沐猴而冠帶，知小而謀彊。猶豫不敢斷，因狩執君王。白虹爲貫日，己亦先受殃。賊臣持國柄，殺主滅宇京。蕩覆帝基業，宗廟以燔喪。播越西遷移，號泣而且行。瞻彼洛城郭，微子爲哀傷。樂府詩集卷二十七。

㈠黄節魏武帝詩注謂「二十二」當作「廿二」。

蒿里行

關東有義士，興兵討羣凶。初期會盟津，乃心在咸陽。軍合力不齊，躊躇而雁行。勢利使人争，嗣還自相戕。淮南弟稱號，刻璽於北方。鎧甲生蟣蝨，萬姓以死亡，白骨露於野，千里無雞鳴。生民百遺一，念之斷㈠人腸！樂府詩集卷二十七。

㈠宋書樂志「斷」作「絶」。

對酒

對酒歌，太平時，吏不呼門。王者賢且明，宰相股肱皆忠良。咸禮讓，民無所争訟。三年耕有九年儲，倉穀滿盈。班白不負戴。雨澤如此，百㈠穀用成。卻走馬，以糞其上㈡田。爵公侯伯子男，咸愛其民，以黜陟幽明。子養有若父與兄。犯禮法，輕重隨其刑。路無拾遺之私。囹圄空虚，冬節不斷。人耄耋，皆得以壽終。恩德廣及草木昆蟲。樂府詩集卷二十七。

㈠宋書樂志「百」作「五」。　㈡宋書樂志（殿本）「上」作「土」。

陌上桑

駕虹蜺，乘赤雲，登彼九疑歷玉門㈠。濟天漢，至崑崙。見西王母謁東君。交赤松，及羨門，受要祕道愛精神。食芝英，飲醴泉，拄杖㈡桂枝，佩秋蘭。絶人事，遊渾元。若疾風遊歘飄飄。景未移，行數千。壽如南山不忘愆。樂府詩集卷二十八。

㈠宋書樂志「玉」作「王」。㈡宋書樂志及汲古閣本樂府詩集「杖」下有「桂」字。

短歌行 二首

對酒當歌，人生幾何！譬如朝露，去日苦多。慨當以慷，憂思難忘。何以解憂㈠？唯有杜康。青青子衿，悠悠我心。〔但爲君故，沈吟至今。〕㈡呦呦鹿鳴，食野之苹。我有嘉賓，鼓瑟吹笙。明明如月，何時可輟㈢。憂從中來，不可斷絶。㈣越陌度阡，枉用相存。契闊談讌，心念舊恩。月明星稀，烏鵲南飛。繞樹三匝，何枝可依？山不厭高，海㈤不厭深。周公吐哺，天下歸心。樂府詩集卷三十。

㈠晉樂所奏此句作「以何解愁」。㈡本辭無此八字，據晉樂所奏及文選補。㈢文選「輟」作「掇」。㈣此四句晉樂所奏在「呦呦」句前；此下八句，晉樂所奏無。㊄晉樂所奏「海」作「水」。

其二

周西伯昌，懷此聖德。三分天下，而有其二。脩奉貢獻，臣節不隆㊀。崇侯讒之，是以拘繫。一解。

後見赦原，賜之斧鉞，得使征伐。爲仲尼所稱，達及德行，猶奉事殷，論敍其美。二解。

齊桓之功，爲霸之首。九合諸侯，一匡天下。一匡天下，不以兵車。正而不譎，其德傳稱。三解。

孔子所歎，並稱夷吾，民受其恩。賜與廟胙，命無下拜。小白不敢爾，天威在顏咫尺。四解。

晉文亦霸，躬奉天王。受賜珪瓚，秬鬯彤弓，盧弓矢千，虎賁三百人。五解。

威服諸侯，師之者尊。八方聞之，名亞齊桓。河陽之會，詐稱周王，是㊁其名紛葩。六解。樂府詩集卷三十。

㊀宋書樂志及汲古閣本樂府詩集「隆」作「墜」。㊁宋書樂志「是」下有「以」字。

苦寒行

北上太行山，艱哉何巍巍！羊腸坂詰屈，車輪爲之摧。樹木何蕭瑟，北風聲正悲！熊羆對我蹲，虎豹夾路啼。谿谷少人民，雪落何霏霏！延頸長歎息，遠行多所懷。我心何怫鬱？思欲一東歸。水深橋梁絶，中路㈠正徘徊。迷惑失故㈡路，薄暮無㈢宿棲。行行日已遠，人馬同時飢。擔囊行取薪，斧冰持作糜。悲彼東山詩，悠悠令我哀。樂府詩集卷三十三。

㈠晉樂所奏「路」作「道」。㈡晉樂所奏「故」作「徑」。㈢晉樂所奏「薄暮無」作「暝無所」。

秋胡行 二首

晨上散關山，此道當何難！晨上散關山，此道當何難！牛頓不起，車墮谷間。坐盤石之上，彈五弦之琴。作爲清角韻，意中迷煩。歌以言志，晨上散關山。一解。

有何三老公，卒來在我傍？有何三老公，卒來在我傍？負揜被裘，似非恒人。謂卿云何困苦以自怨，徨徨所欲，來到此間？歌以言志，有何三老公？二解。

我居崑崙山，所謂者真人。我居崑崙山，所謂者真人。道深有可得。名山歷觀，遨遊八極，枕石漱流飲泉。沈吟不決，遂上升天。歌以言志，我居崑崙山。三解。

去去不可追，長恨相牽攀。去去不可追，長恨相牽攀。夜夜安得寐，惆悵以自憐。正而不譎，辭賦依因。經傳所過，西來所傳。歌以言志，去去不可追。四解。樂府詩集卷三十六。

其二

願登泰華山，神人共遠遊。願登泰華山，神人共遠遊。經歷崑崙山，到蓬萊。飄飖八極，與神人俱。思得神藥，萬歲爲期。歌以言志，願登泰華山。一解。

天地何長久！人道居之短。天地何長久！人道居之短。世言伯陽，殊不知老；赤松王喬，亦云得道。得之未聞，庶以壽考。歌以言志，天地何長久。二解。

明明日月光，何所不光昭！明明日月光，何所不光昭！二儀合聖化，貴者獨人不？萬國率土，莫非王臣。仁義爲名，禮樂爲榮。歌以言志，明明日月光。三解。

四時更逝去，晝夜以成歲。四時更逝去，晝夜以成歲。大人先天而天弗違。不戚年往，憂世不治。存亡有命，慮之爲蚩。歌以言志，四時更逝去。四解。

戚戚欲何念！歡笑意所之。戚戚欲何念！歡笑意所之。壯盛智惠，㈠殊不再來。愛時進趣，將以惠誰？汎汎放逸，亦同何爲！歌以言志，戚戚欲何念！五解。樂府詩集卷三十六。

㈠宋書樂志「壯盛」作「盛壯」，殿本「惠」作「慧」。

善哉行 三首

古公亶甫，積德垂仁。思弘一道，哲王於豳。一解。

太伯仲雍，王德之仁。行施百世，斷髮文身。二解。
伯夷叔齊，古之遺賢。讓國不用，餓殂首山。三解。
智哉山甫，相彼宣王。何用杜伯，累我聖賢。四解。
齊桓之霸，賴得仲父。後任豎刁，蟲流出户。五解。
晏子平仲，積德兼仁。與世沈德，未必思命。六解。
仲尼之世，王國爲君。隨制飲酒，揚波使官。七解。樂府詩集卷三十六。

其二

自惜身薄祜㊀，夙賤罹孤苦。既無三徙教，不聞過庭語。一解。
其窮如抽裂，自以思所怙。雖懷一介志，是時其能與！二解。
守窮者貧賤，惋歡㊁淚如雨。泣涕於悲夫，乞活安能覩？三解。
我願於天窮，琅邪傾側左。雖欲竭忠誠，欣公歸其楚。四解。
快人由㊂爲歎，抱情不得敍。顯行天教人，誰知莫不緒。五解。
我願何時隨？此歎亦難處。今我將何照於光曜？釋銜不如雨。六解。樂府詩集卷三十六。

㊀宋書樂志「祜」作「祐」。㊁宋書樂志「歡」作「歎」。㊂宋書樂志「由」作「曰」。

其三

朝日樂相樂，酣飲不知醉。悲弦激新聲，長笛吹㊀清氣。一解。弦歌感人腸，四坐皆歡悦。寥寥高堂上，涼風入我室。二解。持滿如不盈，有德㊁者能卒。君子多苦心，所愁不但一。三解。慊慊下白屋，吐握不可失。衆賓飽滿歸，主人苦不悉。四解。比翼翔雲漢，羅者安所羇？沖静得自然，榮華何足爲！五解。樂府詩集卷三十六。

㊀宋書樂志「吹」作「吐」。㊁宋書樂志「德」作「得」。

卻東西門行

鴻雁出塞北，乃在無人鄉。舉翅萬餘里，行止自成行。冬節食南稻，春日復北翔。田中有轉蓬，隨風遠飄揚。長與故根絶，萬歲不相當。奈何此征夫，安得去四方！戎馬不解鞍，鎧甲不離傍。冉冉老將至，何時反故鄉？神龍藏深泉，猛獸步高岡。狐死歸首丘，故鄉安可忘！樂府詩集卷三十七。

步出夏門行㊀

雲行雨步，超越九江之皋。臨觀異同，心意懷遊豫，不知當復何從。經過至我碣石，心惆悵我東海。雲行至此爲豔。

東臨碣石，以觀滄海。水何澹澹，山島竦峙。樹木叢生，百草豐茂。秋風蕭瑟，洪波踴㊁起。日月之行，若出其中；星漢粲爛，若出其裏。幸甚至哉！歌以詠志。觀滄海。一解。

孟冬十月，北風徘徊。天氣肅清，繁霜霏霏。鵾雞晨鳴，鴻雁南飛。鷙鳥潛藏，熊羆窟棲。錢鎛停置，農收積場。逆旅整設，以通賈商。幸甚至哉！歌以詠志。冬十月。二解。

鄉土不同，河朔隆寒。流澌浮漂，舟船行難。錐不入地，蘴藾深奥。水竭不流，冰堅可蹈。土㊂隱者貧，勇俠輕非。心常歎怨，戚戚多悲。幸甚至哉！歌以詠志。河朔寒。㊃三解。

神龜雖壽，猶有竟時；騰蛇乘霧，終爲土灰。老驥伏櫪，志在千里；烈士暮年，壯心不已。盈縮之期，不但在天；養怡之福，可得永年。幸甚至哉！歌以詠志。神龜雖壽。四解。樂府詩集卷三十七。

㊀晉書樂志下，題作碣石篇。㊁宋書樂志「波」作「濤」，「踴」作「湧」。㊂汲古閣本「土」下有注「一作士」。㊃晉書樂志作「土不同」。

謠俗詞

甕中無斗儲，發篋無尺繒，友來從我貸，不知所以應。

董卓歌詞

德行不虧缺，變故自難常。鄭康成行酒，伏地氣絶；郭景圖命盡於園桑。魏志卷六袁紹傳注。

塘上行

蒲生我池中，其葉何離離。傍能行仁義㈠，莫若妾㈡自知。衆口鑠黄金，使君生别離㈢。念君去我時，獨愁常苦悲。想見君顔色，感結傷心脾。念君常苦悲，夜夜不能寐。㈣莫以㈤豪賢故，棄捐素所愛？莫以魚肉賤㈥，棄捐葱與薤？莫以麻枲賤，棄捐菅與蒯？㈦出亦復苦愁，入亦復苦愁。邊地多悲風，樹木何脩脩㈧！從君致獨樂㈨，延年壽千秋。樂府詩集卷三十五。

此詩據樂府詩集本辭一首録出，與晉樂所奏一首字句有異，現作校記於下：㈠「仁義」作「人儀」（宋書樂志作「儀儀」)。㊁「若妾」作「能縷」。㊂「别離」作「離别」。㊃此二句作「今悉夜夜愁不寐」。㊄「以」作「用」(下二句同)。㊅「賤」作「貴」。㊆此處尚有七句:「倍恩者苦枯,蹶船常苦没。教君安息定,慎莫致倉卒!念與君一共離别,亦當何時,共坐復相對?」㊇「脩脩」作「蕭蕭」。㊈此句作「今日樂相樂」(玉臺新詠「從君」作「從軍」)。

善哉行

痛哉世人,見欺神仙。文選二十四贈白馬王彪詩李善注。

文集

卷一

鶡雞賦序

鶡雞猛氣，其鬭終無負，期於必死。今人以鶡爲冠，像此也。大觀本草十九「鶡雞」。

假爲獻帝策收伏后 建安十九年

皇后壽，得由卑賤，登顯尊極，自處椒房，二紀於兹。既無任、姒徽音之美，又乏謹身養己之福；而陰懷妒害，苞藏禍心，弗可以承天命、奉祖宗。今使御史大夫郗慮持節策詔，其上皇后璽綬，退避中宫，遷於它館。嗚呼傷哉，自壽取之！未至於理，爲幸多焉。後漢書獻帝伏皇后紀。

策立卞后 建安二十四年

夫人卞氏，撫養諸子，有母儀之德。今進位王后，太子諸侯陪位羣卿上壽，減國内死罪一等。魏志卞皇后傳。

領兖州牧表

入司兵校，出總符任，臣以累葉受恩，膺荷洪施，不敢顧命。是以將戈帥甲，順天行誅，雖戮夷覆亡不暇。臣愧以興隆之秩，功無所執，以僞假實，條不勝華，竊感譏請㈠，蓋以惟谷。藝文類聚五十。

㈠「請」疑爲「誚」之誤。

陳損益表 初平三年

陛下即祚，復蒙試用，遂受上將之任，統領二州，内參機事，實所不堪。昔韓非閔韓之削弱，不務富國强兵，用賢任能。臣以區區㈠之質，而當鐘鼎之任；以闇鈍之才，而奉明明之政，顧恩念責，亦臣竭節投命之秋也。謹條遵奉舊訓權時之宜十四事，奏如左，庶以蒸螢，增明太陽，言不足採。藝文類聚五十二。

〔一〕「區區」原作「驅驅」，依張本、丁本改。

表糜竺領嬴郡 建安元年

泰山郡界廣遠，舊多輕悍。權時之宜，可分五縣爲嬴郡，揀選清廉以爲守將。偏將軍糜竺，素履忠貞，文武昭烈。請以竺領嬴郡太守，撫慰吏民。蜀志糜竺傳注引曹公集。

謝襲費亭侯表 建安元年

不悟陛下乃尋臣祖父廁豫功臣，克定寇逆，援立孝順皇帝。謂操不忘，獲封茅土。聖恩明發，遠念桑梓。日以臣爲忠孝之苗，不復量臣材之豐否。既勉襲爵邑，忝厥祖考，復寵上將鈇鉞之任，兼領大州萬里之憲；內比鼎臣，外參二伯，身荷兼紱之榮，本枝賴無窮之祚也。昔大彭輔殷，昆吾翼夏，功成事就，乃備爵錫。臣束脩無稱，統御無績，比荷殊寵，策命褒績，未盈一時，三命交至。雙金重紫，顯以方任，雖不識義，庶知所尤。藝文類聚五十一。

讓還司空印綬表

臣文非師尹之佐，武非折衝之任，遭天之幸，干竊重授。内踵伯禽司空之職，外承吕尚鷹揚之事，斗筲處之，民其瞻觀。水土不平，姦宄未静，臣常媿辱，憂爲國累。臣無智勇，以助萬一，夙夜慚懼，若集水火，未知何地，可以殞越。藝文類聚六十七。

請爵荀彧表 建安八年

臣聞慮爲功首，謀爲賞本，野績不越廟堂，戰多不踰國勳。是故曲阜之錫，不後營丘；蕭何之土，先于平陽。珍策重計，古今所尚。侍中守尚書令彧，積德累行，少長無悔，遭世紛擾，懷忠念治。臣自始舉義兵，周游征伐，與彧戮力同心，左右王略，發言授策，無施不效。彧之功業，臣由以濟，用披浮雲，顯光日月。陛下幸許，彧左右機近，忠恪祗順，如履薄冰，研精極鋭，以撫庶事，天下之定，彧之功也。宜享高爵，以彰元勳。魏志荀彧傳注引彧别傳。

守尚書令荀彧，自在臣營，參同計畫，周旋征伐，每皆克捷，奇策密謀，悉皆共決。及彧在臺，常私書往來，大小同策；詩美腹心，傳貴廟勝，勳業之定，彧之功也。而臣前後獨荷異寵，心所不安。彧與臣事通功並，宜進封賞，以勸後進者。袁宏後漢紀二十九，建安八年七月曹操上言。案：此與別傳之表相當，而文全異。

請封荀攸表

軍師荀攸，自初佐臣，無征不從，前後克敵，皆攸之謀也。魏志荀攸傳。

表稱樂進于禁張遼 建安十一年

武力既弘，計略周備，質忠性一，守執節義。每臨戰攻，常爲督率，奮彊突固，無堅不陷，自援枹鼓，手不知倦。又遣别征，統御師旅，撫衆則和，奉令無犯，當敵制決，靡有遺失。論功紀用，各宜顯寵。魏志樂進傳。

請增封荀彧表

昔袁紹作逆，連兵官渡。時衆寡糧單，圖欲還許。尚書令荀彧，深建宜住之便，遠恢進討之略，起發臣心，革易愚慮，堅營固守，徼其軍實；遂摧撲大寇，濟危以安。紹既破敗，臣糧亦盡，將舍河北之規，改就荆南之策。彧復備陳得失，用移臣議，故得反斾冀土，克平四州。向使臣退軍官渡，紹必鼓行而前，敵人懷利以自百，臣衆怯沮以喪氣，有必敗之形，無一捷之勢。復若南征劉表，委棄兖、豫，飢軍深入，踰越江、沔，利既難要，將失本據。而彧建二策，以亡爲存，以禍爲福，謀殊功異，臣所不及。是故先帝貴指蹤之功，薄搏獲之賞；古人尚帷幄之規，下攻拔之力。原其績效，足享高爵，而海内未喻其狀，所受不侔其功，臣誠惜之。乞重平議，增疇户邑。後漢荀彧傳。又魏志荀彧傳注引彧别傳曰：太祖又表曰：昔袁紹侵入郊甸，戰於官渡。時兵少糧盡，圖欲還許，書與彧議，彧不聽臣。建宜住之便，恢進討之規，更起臣心，易其愚慮，遂摧大逆，覆取其衆。此彧覩勝敗之機，略不世出也。及紹破敗，臣糧亦盡，以爲河北未易圖也，欲南討劉表。彧復止臣，陳其得失，臣用反斾，遂吞凶族，克平四州。向使臣退於官渡，紹必鼓行而前，有傾覆之形，無克捷之勢。後若南征，委棄兖、豫，利既難要，將失本據。彧之二策，以亡爲存，以禍致福，謀殊功異，臣所不及也。是以先帝貴指蹤之功，薄搏獲之賞；古人尚帷幄之規，下攻拔之力。前所賞録，未副彧巍巍之勳。乞重平議，疇其户邑。

表論田疇功

文雅優備，忠武又著，和于撫下，慎于事上。量時度理，進退合義。幽州始擾，胡、漢交萃，蕩析離居，靡所依懷。疇率宗人避難于無終山，北拒盧龍，南守要害，清静隱約，耕而後食，人民化從，咸共資奉。及袁紹父子威力加于朔野，遠結烏丸，與爲首尾，前後召疇，終不陷撓。後臣奉命，軍次易縣，疇長驅自到，陳討胡之勢，猶廣武之建燕策，薛公之度淮南。又使部曲持臣露布，出誘胡衆，漢民或因亡來，烏丸聞之震蕩。王旅出塞，塗由山中九百餘里，疇帥兵五百，啓導山谷，遂滅烏丸，蕩平塞表。疇文武有效，節義可嘉，誠應寵賞，以旌其美。魏志田疇傳注引先賢行狀。

請追增郭嘉封邑表

臣聞襃忠示寵，未必當身，念功惟績，恩隆後嗣。是以楚宗孫叔敖，顯封厥子，岑彭既没，爵及枝庶。誠賢君殷勤于清良，聖祖敦篤于明勳也。故軍祭酒洧陽亭侯潁川郭嘉，立身著行，稱茂鄉邦，與臣參事，盡節爲國。忠良淵淑，體通性達。每有大議，發言盈廷，執中處理，動無遺策。自在軍旅，十有餘年，行同騎乘，坐共幄席。東禽吕布，西取眭固；斬袁譚之首，平朔土之衆。踰越險塞，盪定烏丸；震威遼東，以梟袁尚。雖假天威，易爲指麾；至于臨敵，發揚誓命，凶逆克殄，勳實由嘉。臣今日所以免戾，嘉與其功。方將表顯，使賞足以報效，薄命夭殞，不終美志。上爲陛下悼惜良臣，下自毒恨喪失奇佐。昔霍去病蚤死，孝武爲之咨嗟；祭遵不究功業，世祖望柩悲慟。仁恩降下，念發五内。今嘉隕命，誠足憐傷。宜追贈加封，並前千户；褒亡爲存，厚往勸來也。魏志郭嘉傳注引魏書，又藝文類聚五十一。案：魏志郭嘉傳載此表云：軍祭酒郭嘉，自從征伐，十有一年。每有大議，臨敵制變，臣策未決，嘉輒成之。平定天下，謀功爲高。不幸短命，事業未終；追思嘉勳，實不可忘。可增邑八百户，並前千户。即前表約文，惟多出「增邑八百户」一句。

表論張遼功

登天山，履峻險，以取蘭、成，盪寇功也。增邑假節。魏志張遼傳。

掩獲宋金生表

臣前遣討河内，獲嘉諸屯，獲生口，辭云：「河内有一神人宋金生，令諸屯皆云鹿角不須守，吾使狗爲汝守。不從其言者，即夜聞有軍兵聲，明日視屯下，但見虎跡。」臣輒部武猛都尉呂納，將兵掩捉得生口，輒行軍法。御覽三百三十七。

留荀彧表

臣聞古之遣將，上設監督之重，下建副二之任，所以尊嚴國命，謀而鮮過者也。臣今當濟江，奉辭伐罪，宜有大使，肅將王命。文武並用，自古有之。使持節侍中守尚書令萬歲亭侯彧，國之望臣，德洽華夏，既停軍所次，便宜與臣俱進，宣示國命，威懷醜虜。軍禮尚速，不及先請，臣輒留彧，依以爲重。後漢荀彧傳。

讓九錫表 建安十八年

臣功小德薄，忝寵已過，進爵益土，非臣所宜；九錫大禮，臣所不稱。惶悸征營，心如炎灼，歸情寫實，冀蒙聽省。不悟陛下復詔褒誘，喻以伊、周，未見哀許。臣聞事君之道，犯而勿欺；量能處位，計功受爵，苟所不堪，有損無從。加臣待罪上相，民所具瞻，而自過謬，其謂臣何！蓺文類聚五十三。

上器物表

臣祖騰，有順帝賜器。今上四石銅鋗四枚，五石銅鋗一枚，御物有純銀粉銚一枚，藥杵臼一具。御覽七百五十七、七百六十二。

奏上九醖酒法

臣縣故令南陽郭芝，有九醖春酒。法用麴三十斤，流水五石，臘月二日清麴，正月凍解，用好稻米，漉去麴滓，便釀法飲。曰譬諸蟲，雖久多完，三日一釀，滿九斛米止。臣得法釀之，常善；其上清滓亦可飲。若以九醖苦難飲，增爲十釀，差甘易飲，不病。今謹上獻。北堂書鈔一百四十八、文選南都賦注引魏武集。

上雜物疏

御物三十種，有純銀參鏤帶漆畫書案一枚，純銀參帶臺硯一枚，純銀參帶圓硯大小各一枚。書鈔一百三十三、御覽六百五。

御物有漆畫韋枕二枚，貴人公主有黑漆韋枕三十枚。書鈔一百三十四。

御物三十種，有純金香爐一枚，下盤自副；貴人公主有純銀香爐四枚，皇太子有純銀香爐四枚，西園貴人銅香爐三十枚。書鈔一百三十五、藝文類聚七十。

御雜物用，有純金唾壺一枚，漆園油唾壺四枚，貴人有純銀參帶唾壺三十枚。御覽七百三。

御物三十種，有上車漆畫重几大小各一枚。書鈔一百三十三。

御物有尺二寸金錯鐵鏡一枚，皇后雜物用純銀錯七寸鐵鏡四枚，皇太子雜純銀錯七寸鐵鏡四枚，貴人至公主九寸鐵鏡四十枚。書鈔一百三十六、御覽七百一十七。

御物中宫貴人公主皇子純銀漆帶鏡一枚，西園貴人純銀參帶五，皇子銀匣一，皇子雜用物十六種，純金參帶方嚴四具。御覽八百十二。

鏡臺出魏宫中，有純銀參帶鏡臺一，純銀七，貴人公主鏡臺四。御覽七百一十七。

純銀澡豆匳，純銀括鏤匳，又銀鏤漆匣四枚。書鈔一百三十五。

油漆畫嚴器一，純金參帶畫方嚴器一。御覽七百十七。

御雜物之所得孝順皇帝賜物，有容五石銅澡盤一枚。書鈔一百三十五。

有銀畫象牙杯盤五具。御覽七百五十九。

中宫用物，雜畫象列尺一枚，貴人公主有象牙尺三十枚，宫人有象牙尺百五十枚，骨尺五十枚。御覽八百三十。

中宫雜物，雜畫象牙鍼管一枚。御覽八百三十。

上書理竇武陳蕃

武等正直，而見陷害。姦邪盈朝，善人壅塞。魏志武帝紀注引魏書。

兖州牧上書

山陽郡有美梨。謹上縫帳二，絲縷十斤，甘梨二箱，椑棗二箱。初學記二十、御覽八百三十、又九百六十九、九百七十一。

上書讓增封 建安元年

無非常之功，而受非常之福，是用憂結。比章歸聞，天慈無已，未即聽許。臣雖不敏，猶知讓不過三。所以仍布腹心，至于四五，上欲陛下爵不失實，下爲臣身免于苟取。藝文類聚五十一。

又上書讓封 建安元年

臣誅除暴逆，克定二州，四方來貢，以爲臣之功。蕭相國以關中之勞，一門受封；鄧禹以河北之勤，連城食邑。考功效實，非臣之勳。臣祖父中常侍侯，時但從輦，扶翼左右，既非首謀，又不奮戟，並受爵封，暨臣三葉。臣聞易豫卦曰：「利建侯行師」，有功乃當進立以爲諸侯也。又訟卦六三曰：「食舊德，或從王事。」謂先祖有大德，若從王事有功者，子孫乃得食其禄也。伏惟陛下垂乾坤之仁，降雲雨之潤，遠録先臣扶掖之節，採臣在戎犬馬之用，優策褒崇，光曜顯量，非臣尫頑所能克堪。藝文類聚五十一。

上書讓費亭侯 建安元年

臣伏讀前後策命，既録臣庸才微功，乃復追述先臣，幽讚顯揚，見得思義，屏營怖懼，未知首領所當所授。故古人忠臣，或有連城而不辭，或有一邑而違命。所以然者，欲必正其名也。又禮制，諸侯國土以絶，子孫有功者，當更受封，不得增襲。其有所增者，謂國未絶也；或有所襲者，謂先祖功大也；數未極，無故斷絶，故追紹之也。臣自三省，先臣雖有扶輦微勞，不應受爵，豈逮臣三葉；若録臣關東微功，皆祖宗之靈祐，陛下之聖德，豈臣愚陋，何能克堪。藝文類聚五十一。

上書讓增封武平侯及費亭侯 建安元年

伏自三省，姿質頑素，材志鄙下，進無匡輔之功，退有拾遺之美。雖有犬馬微勞，非獨臣力，皆由部曲將校之助。陛下前追念先臣微功，使臣續襲爵土，祖考蒙光照之榮，臣受不貲之分，未有絲髮以自報效。昔齊侯欲更晏嬰之宅，嬰曰：「臣之先容焉，臣不足以繼之。」卒違公命，以成私志。臣自顧省，不克負荷，食舊爲幸。雖上德在弘，下有因割。臣三葉累寵，皆統極位，義在殞越，豈敢飾辭！藝文類聚五十一。

上書謝策命魏公 建安十八年

臣蒙先帝厚恩，致位郎署，受性疲怠，意望畢足，非敢希望高位，庶幾顯達。會董卓作亂，義當死難，故敢奮身出命，摧鋒率衆，遂值千載之運，奉役目下。當二袁炎沸侵侮之際，陛下與臣寒心同憂，顧瞻京師，進受猛敵，常恐君臣俱陷虎口，誠不自意能全首領。賴祖宗靈祐，醜類夷滅，得使微臣竊名其間。陛下加恩，授以上相，封爵寵禄，豐大弘厚，生平之願，實不望也。口與心計，幸且待罪，保持列侯，遺付子孫，自托聖世，永無憂責。不意陛下乃發盛意，開國備錫，以貺愚臣，地比齊、魯，禮同藩王，非臣無功所宜膺據。歸情上聞，不蒙聽許，嚴詔切至，誠使臣心俯仰逼迫。伏自惟省，列在大臣，命制王室，身非己有，豈敢自私，遂其愚意，亦將黜退，令就初服。今奉疆土，備數藩翰，非敢遠期，慮有後世；至于父子，相誓終身，灰軀盡命，報塞厚恩。天威在顔，悚懼受詔。魏志武帝紀注引魏略。

上言破袁紹 建安五年十月

大將軍鄴侯袁紹，前與冀州牧韓馥，立故大司馬劉虞，刻作金璽，遣故任長畢瑜詣虞，爲説命禄之數。又紹與臣書云：「可都鄄城，當有所立。」擅鑄金銀印，孝廉計吏，皆往詣紹。從弟濟陰太守敍與紹書云：「今海内喪敗，天意實在我家，神應有徵，當在尊兄。南兄，臣下欲使即位，南兄言，以年則北兄長，以位則北兄重。便欲送璽，會曹操斷道。」紹宗族累世受國重恩，而凶逆無道，乃至于此。輒勒兵馬，與戰官渡。乘聖朝之威，得斬紹大將淳于瓊等八人首，遂大破潰。紹與子譚輕身迸走，凡斬首七萬餘級，輜重財物巨億。魏志武帝紀注引獻帝起居注。

破袁尚上事

臣前上言逆賊袁尚還，即厲精鋭討之。今尚人徒震蕩，部曲喪守，引兵遁亡。臣陳軍被堅執鋭，朱旗震燿，虎士雷譟，望旗眩精，聞聲喪氣，投戈解甲，翕然沮壞。尚單騎迸走，捐棄僞節鉞鈇，大將軍邟鄉侯印各一枚，兜鍪萬九千六百二十枚，其矛楯弓戟，不可勝數。御覽三百五十六。

授崔琰東曹教

君有伯夷之風，史魚之直，貪夫慕名而清，壯士尚稱而厲，斯可以率時者已。故授東曹，往踐厥職。魏志崔琰傳。

決議田疇讓官教

昔夷、齊棄爵而譏武王，可謂愚闇，孔子猶以爲「求仁得仁」。疇之所守，雖不合道，但欲清高耳。使天下悉如疇志，即墨翟兼愛尚同之事，而老聃使民結繩之道也。外議雖善，爲復使令司隸以決之。魏志田疇傳注引魏略。

與韓遂教 建安十六年

謝文約：卿始起兵時，自有所逼，我所具明也。當早來，共匡輔國朝。魏志張既傳注引魏略。

征吴教

今孤戒嚴，未知所之，有諫者死。魏志賈逵傳注引魏略。

原賈逵教

逵無惡意，原復其職。魏志賈逵傳注引魏略。

合肥密教 建安二十年

若孫權至者，張、李將軍出戰。樂將軍守護軍，勿得與戰。魏志張遼傳。

賜袁渙家穀教

以太倉穀千斛，賜郎中令之家。

以垣下穀千斛，與曜卿家。

以太倉穀者，官法也；以垣下穀者，親舊也。已上三教並魏志袁渙傳。

滄海賦

覽島嶼之所有。文選吴都賦劉逵注。

登臺賦

引長明，灌街里。水經濁漳水注。

謝置旄頭表

不悟陛下復加後命，命置旄頭，以比東海。御覽六百八十。

奏定制度

三公列侯，門施内外塾，方三十畝。御覽百八十五。

奏事

有警急，輒露版插羽。封氏聞見記四。

卷二

置屯田令 當在初平興平間㊀

夫定國之術，在于彊兵足食。秦人以急農兼天下，孝武以屯田定西域，此先代之良式也。

魏志武帝紀注引魏書。

㊀案興屯田制在建安元年，此云「當在初平、興平間」，有誤。

爲徐宣議陳矯下令 當在建安二年後四年前

喪亂已來，風教彫薄，謗議之言，難用褒貶。自建安五年已前，一切勿論，其以斷前誹議者，以其罪罪之。魏志陳矯傳注引魏氏春秋。

褒賞令

別部司馬請立齊桓公神堂，使記室阮瑀議之。北堂書鈔六十九。

加棗祗子處中封爵並祀祗令 建安六年

故陳留太守棗祗，天性忠能。始共舉義兵，周旋征討。後袁紹在冀州，亦貪祗，欲得之。祗深附託于孤，使領東阿令。吕布之亂，兗州皆叛，惟范、東阿完在，由祗以兵據城之力也。後大軍糧乏，得東阿以繼，祗之功也。及破黄巾定許，得賊資業，當興立屯田，時議者皆言當計牛輸穀，佃科以定。施行後，祗白以爲僦牛輸穀，大收不增穀，有水旱災除，大不便。反覆來説，孤猶以爲當如故，大收不可復改易。祗猶執之，孤不知所從，使與荀令君議之。時故軍祭酒侯聲云：「科取官牛，爲官田計。如祗議，於官便，於客不便。」聲懷此云云，以疑令君。祗猶自信，據計畫還白，執分田之術。孤乃然之，使爲屯田都尉，施設田業。其時歲則大收，後遂因此大田，豐足軍用，摧滅羣逆，克定天下，以隆王室，祗興其功。不幸早没，追贈以郡，猶未副之。今重思之，祗宜受封，稽留至今，孤之過也。祗子處中，宜加封爵，以祀祗爲不朽之事。魏志任峻傳注引魏武故事。

軍譙令 建安七年

吾起義兵，爲天下除暴亂。舊土人民，死喪略盡，國中終日行，不見所識，使吾悽愴傷懷。其舉義兵已來，將士絶無後者，求其親戚以後之，授土㊀田，官給耕牛，置學師以教之。爲存者立廟，使祀其先人。魂而有靈，吾百年之後何恨哉！魏志武帝紀。

㊀百衲本三國志「土」作「上」。

敗軍令 建安八年

司馬法：「將軍死綏。」故趙括之母，乞不坐括。是古之將者，軍破于外，而家受罪于内也。

自命將征行，但賞功而不罰罪，非國典也。其令諸將出征，敗軍者抵罪，失利者免官爵。魏志武帝紀。

論吏士行能令 建安八年

議者或以軍吏雖有功能，德行不足堪任郡國之選，所謂「可與適道，未可與權。」管仲曰：「使賢者食于能則上尊，鬬士食于功則卒輕于死，二者設于國則天下治。」未聞無能之人，不鬬之士，並受祿賞，而可以立功興國者也。故明君不官無功之臣，不賞不戰之士；治平尚德行，有事賞功能。論者之言，一似管窺虎歟！魏志武帝紀注引魏書。

修學令 建安八年

喪亂以來，十有五年，後生者不見仁義禮讓之風，吾甚傷之。其令郡國各修文學，縣滿五百户置校官，選其鄉之俊造而教學之，庶幾先王之道不廢，而有以益于天下。魏志武帝紀。

蠲河北租賦令 建安九年

河北罹袁氏之難，其令無出今年租賦！魏志武帝紀。

收田租令 建安九年

「有國有家者，不患寡而患不均，不患貧而患不安。」袁氏之治也，使豪彊擅恣，親戚兼并；下民貧弱，代出租賦，衒鬻家財，不足應命。審配宗族，至乃藏匿罪人，爲逋逃主；欲望百姓親附，甲兵彊盛，豈可得邪！其收田租畝四升，户出絹二匹、綿二斤而已，他不得擅興發。郡國守相明檢察之，無令彊民有所隱藏，而弱民兼賦也。魏志武帝紀注引魏書。

誅袁譚令 建安十年

敢哭之者，戮及妻子。魏志王脩傳注引傅子。

赦袁氏同惡及禁復讎厚葬令 建安十年

其與袁氏同惡者，與之更始。魏志武帝紀。

整齊風俗令 建安十年

阿黨比周，先聖所疾也。聞冀州俗，父子異部，更相毁譽。昔直不疑無兄，世人謂之盜嫂；第五伯魚三娶孤女，謂之撾婦翁；王鳳擅權，谷永比之申伯；王商忠議，張匡謂之左道：此皆以白爲黑，欺天罔君者也。吾欲整齊風俗，四者不除，吾以爲羞。魏志武帝紀。

選舉令

夫遣人使于四方，古人所慎擇也。故仲尼曰：「使乎使乎」，言其難也。初學記二十。

鄴縣甚大，一鄉萬數千户，兼人之吏，未易得也。書鈔七十七。

聞小吏或有著巾幘。書鈔七十七。

魏諸官印，各以官爲名，印如漢法斷二千石者章。

國家舊法，選尚書郎，取年未五十者，使文筆真草，有才能謹慎，典曹治事，起草立義，又以草呈示令僕訖，乃付令史書之耳。書訖，共省讀内之。事本來臺郎統之，令史不行知也。書之不好，令史坐之；至于謬誤，讀省者之責。若郎不能爲文書，當御史令，是爲牽牛不可以服箱，而當取辯于繭角也。御覽二百十五。

今詔書省司隸官，鍾校尉材智決洞，通敏先覺，可上請參軍事，以輔闇政。御覽二百四十九引魏武選令。

諺曰：「失晨之雞，思補更鳴。」昔季闡在白馬，有受金取婢之罪，棄而弗問，後以爲濟北相，以其能故。御覽四百九十六。

明罰令

聞太原、上黨、西河、雁門，冬至後百五日皆絶火寒食，云爲介子推。子胥沈江，吴人未有絶水之事，至于子推獨爲寒食，豈不偏乎？且北方沍寒之地，老少羸弱，將有不堪之患。令到，人不得寒食。若犯者，家長半歲刑，主吏百日刑，令長奪一月俸。藝文類聚四、御覽二十八、又三十、又八百六十九。

求言令 建安十一年

夫治世御衆，建立輔弼，誡在面從，詩稱「聽用我謀，庶無大悔」，斯實君臣懇懇之求也。吾充重任，每懼失中，頻年以來，不聞嘉謀，豈吾開延不勤之咎邪？自今以後，諸掾屬治中、别駕，常以月旦各言其失，吾將覽焉。魏志武帝紀注引魏書。

自今諸掾屬侍中、別駕，常以月朔各進得失，紙書函封，主者朝常給紙函各一。初學記二十一。

舉泰山太守呂虔茂才令

夫有其志必成其事，蓋烈士之所徇也。卿在郡以來，禽姦討暴，百姓獲安，躬蹈矢石，所征輒克。昔寇恂立名于汝、潁，耿弇建策于青、兖，古今一也。舉茂才，加騎都尉典郡如故。魏志呂虔傳。

辨衛臻不同朱越謀反論

孤與卿君同共舉事，加欽令問。始聞越言，固自不信。及得荀令君書，具亮忠誠。魏志衛臻傳。

封功臣令 建安十二年

吾起義兵，誅暴亂，於今十九年，所征必克，豈吾功哉？乃賢士大夫之力也。天下雖未悉定，吾當要與賢士大夫共定之；而專饗其勞，吾何以安焉！其促定功行封。魏志武帝紀。

下令大論功行封 建安十二年

忠正密謀，撫寧内外，文若是也。公達其次也。魏志荀攸傳。

分租與諸將掾屬令 建安十二年

昔趙奢、竇嬰之爲將也，受賜千金，一朝散之，故能濟成大功，永世流聲；吾讀其文，未嘗不慕其爲人也。與諸將士大夫共從戎事，幸賴賢人不愛其謀，羣士不遺其力，是以夷險平亂，而吾得竊大賞，户邑三萬。追思竇嬰散金之義，今分所受租與諸將掾屬及故戍于陳、蔡者，庶以疇答衆勞，不擅大惠也。宜差死事之孤，以租穀及之。若年殷用足，租奉畢入，將大與衆人悉共饗之。魏志武帝紀注引魏書。

告涿郡太守令 建安十二年

故北中郎將盧植，名著海内，學爲儒宗，士之楷模，乃國之楨幹也。昔武王入殷，封商容之閭；鄭喪子產，而仲尼隕涕。孤到此州，嘉其餘風。春秋之義，賢者之後，有異於人。敬遣丞掾修墳墓，並致薄醊，以彰厥德。魏志盧毓傳注引續漢書。

聽田疇謝封令

昔伯成棄國，夏后不奪，將欲使高尚之士，優賢之主，不止于一世也。其聽疇所執。魏志田疇傳注引魏書。

表劉琮令 建安十三年九月

楚有江、漢山川之險，後服先彊，與秦争衡，荆州則其故地。劉鎮南久用其民矣。身没之後，諸子鼎峙，雖終難全，猶可引日。青州刺史琮，心高志潔，智深慮廣，輕榮重義，薄利厚德，蔑萬里之業，忽三軍之衆，篤中正之體，敦令名之譽，上耀先君之遺塵，下圖不朽之餘祚；鮑永之棄并州，竇融之離五郡，未足以喻也。雖封列侯一州之位，猶恨此寵未副其人；而比有牋求還州。監史雖尊，秩禄未優。今聽所執，表琮爲諫議大夫，參同軍事。魏志劉表傳注引魏武故事。

宣示孔融罪狀令 建安十三年

太中大夫孔融既伏其罪矣，然世人多采其虚名，少於核實，見融浮豔，好作變異，眩其誑詐，不復察其亂俗也。此州人説平原禰衡受傳融論，以爲父母與人無親，譬若缻器，寄盛其中，又言若遭饑饉，而父不肖，寧贍活餘人。融違天反道，敗倫亂理，雖肆市朝，猶恨其晚。更以此事列上，宣示諸軍將校掾屬，皆使聞見。魏志崔琰傳注引魏氏春秋。

爲張範下令

邴原名高德大，清規邈世，魁然而峙，不爲孤用。聞張子頗欲學之，吾恐造之者富，隨之者貧也。魏志邴原傳注引原别傳。

爵封田疇令

蓨令田疇，至節高尚，遭值州里戎夏交亂，引身深山，研精味道，百姓從之，以成都邑。袁賊之盛，命召不屈。慷慨守志，以徼真主。及孤奉詔征定河北，遂服幽都，將定胡寇，時加禮命。疇即受署，陳建攻胡蹊路所由，率齊山民，一時向化，開塞導送，供承使役，路近而便，令虜不意。斬蹋頓于白狼，遂長驅于柳城，疇有力焉。及軍入塞，將圖其功，表封亭侯，食邑五百，而疇懇惻，前後辭賞。出入三載，歷年未賜，此爲成一人之高，甚違王典，失之多矣。宜從表封，無久留吾過。魏志田疇傳注引先賢行狀。

存恤從軍吏士家室令 建安十四年

自頃以來，軍數征行，或遇疫氣，吏士死亡不歸，家室怨曠，百姓流離，而仁者豈樂之哉？不得已也。其令死者家無基業不能自存者，縣官勿絶廩，長吏存恤撫循，以稱吾意。魏志武帝紀。

以蔣濟爲揚州别駕令

季子爲臣，吴宜有君。今君還州，吾無憂矣。魏志蔣濟傳。

辟蔣濟爲丞相主簿西曹屬令

舜舉臯陶，不仁者遠。臧否得中，望於賢屬矣。魏志蔣濟傳。

求賢令 建安十五年

自古受命及中興之君，曷嘗不得賢人君子與之共治天下者乎！及其得賢也，曾不出閭巷，豈幸相遇哉？上之人不求之耳。今天下尚未定，此特求賢之急時也。「孟公綽爲趙、魏老則優，不可以爲滕、薛大夫。」若必廉士而後可用，則齊桓其何以霸世！今天下得無有被褐懷玉而釣于渭濱者乎？又得無有盜嫂受金而未遇無知者乎？二三子其佐我明揚仄陋，唯才是舉，吾得而用之。魏志武帝紀。

讓縣自明本志令 建安十五年

孤始舉孝廉，年少，自以本非巖穴知名之士，恐爲海内人之所見凡愚，欲爲一郡守，好作政教以建立名譽，使世士明知之；故在濟南，始除殘去穢，平心選舉，違迕諸常侍。以爲彊豪所忿，恐致家禍，故以病還。去官之後，年紀尚少，顧視同歲中，年有五十，未名爲老，内自圖之，從此卻去二十年，待天下清，乃與同歲中始舉者等耳。故以四時歸鄉里，于譙東五十里築精舍，欲秋夏讀書，冬春射獵，求底下之地，欲以泥水自蔽，絶賓客往來之望，然不能得如意。後徵爲都尉，遷典軍校尉，意遂更欲爲國家討賊立功，欲望封侯作征西將軍，然後題墓道言「漢故征西將軍曹侯之墓」，此其志也。而遭值董卓之難，興舉義兵。是時合兵能多得耳，然常自損，不欲多之；所以然者，多兵意盛，與彊敵争，倘更爲禍始。故汴水之戰數千，後還到揚州更募，亦復不過三千人，此其本志有限也。後領兗州，破降黄巾三十萬衆。又袁術僭號于九江，下皆稱臣，名門曰建號門，衣被皆爲天子之制，兩婦預争爲皇后。志計已定，人有勸術使遂即帝位，露布天下，答言「曹公尚在，未可也」。後孤討禽其四將，獲其人衆，遂使術窮亡解沮，發病而死。及至袁紹據河北，兵勢彊盛，孤自度勢，實不敵之，但計投死爲國，以義滅身，足垂于後。幸而破紹，梟其二子。又劉表自以爲宗室，包藏奸心，乍前乍卻，以觀世事，據有當州。孤復定之，遂平天下。身爲宰相，人臣之貴已極，意望已過矣。今孤言此，若爲自大，欲人言盡，故無諱耳。設使國家無有孤，不知當幾人稱帝，幾人稱王。或者人見孤彊盛，又性不信天命之事，恐私心相評，言有不遜之志，妄相忖度，每用耿耿。齊桓、晉文所以垂稱至今日者，以其兵勢廣大，猶能奉事周室也。論語云：「三分天下有其二，以服事殷，周之德可謂至德矣。」夫能以大事小也。昔樂毅走趙，趙王欲與之圖燕。樂毅伏而垂泣，對曰：「臣事昭王，猶事大王；臣若獲戾，放在他國，没世然後已，不忍謀趙之徒隸，況燕後嗣乎！」胡亥之殺蒙恬也，恬曰：「自吾先人及至子孫，積信于秦三世矣；今臣將兵三十餘萬，其勢足以背叛，然自知必死而守義者，不敢辱先人之教以忘先王也。」孤每讀此二人書，未嘗不愴然流涕也。孤祖父以至孤身，皆當親重之任，可謂見信者矣，以及子桓兄弟，過于三世矣。孤非徒對諸君説此也，常以語妻妾，皆令深知此意。孤謂之言：「顧我萬年之後，汝曹皆當出嫁，欲令傳道我心，使它人皆知之。」孤此言皆肝鬲之要也。所以勤勤懇懇敍心腹者，見周公有金縢之書以自明，恐人不信之故。然欲孤便爾委捐所典兵衆，以還執事，歸就武平侯國，實不可也。何者？誠恐己離兵爲人所禍也。既爲子孫計，又己敗則國家傾危，是以不得慕虚名而處實禍，此所不得爲也。前朝恩封三子爲侯，固辭不受，今更欲受之，非欲復以爲榮，欲以爲外援爲萬安計。孤聞介推之避晉封，申胥之逃楚賞，未嘗不舍書而歎，有以自省也。奉國威靈，仗鉞征伐，推弱以克彊，處小而禽大，意之所圖，動無違事，心之所慮，何向不濟，遂蕩平天下，不辱主命，可謂天助漢室，非人力也。然封兼四縣，食户三萬，何德堪之！江湖未静，不可讓位；至于邑土，可得而辭。今上還陽夏、柘、苦三縣户二萬，但食武平萬户，且以分損謗議，少減孤之責也。魏志武帝紀注引魏武故事。

轉邴原五官長史令 建安十六年

子弱不才，懼其難正，貪欲相屈，以匡勵之。雖云利賢，能不恧恧！魏志邴原傳注。

下令增杜畿秩 建安十六年

河東太守杜畿，孔子所謂「禹吾無間然矣」。增秩中二千石。魏志杜畿傳。

隴右平定下令

姜敘之母，明智乃爾，雖楊敞之妻，蓋不過也。御覽四百四十一引皇甫謐列女傳。

止省東曹令

日出於東，月盛於東，凡人言方，亦復先東，何以省東曹？魏志毛玠傳。

辭九錫令 建安十八年

夫受九錫，廣開土宇，周公其人也。漢之異姓八王者，與高祖俱起布衣，創定王業，其功至大，吾何可比之？魏志武帝紀注引魏書。

以高柔爲理曹掾令

夫治定之化，以禮爲首；撥亂之政，以刑爲先。是以舜流四凶族，皋陶作士；漢祖除秦苛法，蕭何定律。掾清識平當，明于憲典，勉恤之哉！魏志高柔傳。

復肉刑令

安得通理君子達於古今者，使平斯事乎！昔陳鴻臚以爲死刑有可加於仁恩者，正謂此也。御史中丞能申其父之論乎！魏志陳羣傳。

以杜畿爲尚書仍鎮河東令

昔蕭何定關中，寇恂平河内，卿有其功。間將授卿以納言之職，顧念河東，吾股肱郡，充實之所，足以制天下，故且煩卿卧鎮之。魏志杜畿傳。

與和洽辯毛玠謗毀令

今言事者白玠不但謗吾也，乃復爲崔琰觖望。此損君臣恩義，妄爲死友怨歎，殆不可忍也。昔蕭、曹與高祖並起微賤，致功立勳，高祖每在屈笮，二相恭順，臣道益彰，所以祚及後世也。和侍中比求實之，所以不聽，欲重參之耳。魏志和洽傳。

悼荀攸下令

孤與荀公達周游二十餘年，無毫毛可非者。魏志荀攸傳注引魏書。

荀公達真賢人也，所謂「温良恭儉讓以得之」。孔子稱「晏平仲善與人交，久而敬之」，公達即其人也。同上。

夏侯淵平隴右令 建安十九年

宋建造爲亂逆三十餘年，淵一舉滅之，虎步關右，所向無前。仲尼有言：「吾與爾不如也。」魏志夏侯淵傳。

敕有司取士毋廢偏短令 建安十九年

夫有行之士，未必能進取，進取之士，未必能有行也。陳平豈篤行，蘇秦豈守信邪？而陳平定漢業，蘇秦濟弱燕。由此言之，士有偏短，庸可廢乎！有司明思此義，則士無遺滯，官無廢業矣。魏志武帝紀。

選軍中典獄令 建安十九年

夫刑，百姓之命也。而軍中典獄者或非其人，而任以三軍死生之事，吾甚懼之。其選明達法理者，使持典刑。魏志武帝紀。

春祠令 建安二十一年

議者以爲祠廟上殿當解履，吾受錫命，帶劍不解履上殿，今有事于廟而解履，是尊先公而替王命，敬父祖而簡君主，故吾不敢解履上殿也。又臨祭就洗，以手擬水而不盥。夫盥以潔爲敬，未聞擬而不盥之禮，且「祭神如神在」，故吾親受水而盥也。又降神禮訖，下階就幕而立，須奏樂畢竟，似若不衎魏志誤作「愆」，今從文館詞林。烈祖，遲祭不速訖也，故吾坐俟樂闋送神乃起也。受胙納袖，魏志誤作「神」，下文「納於袖」亦誤作「神」，今從文館詞林。以授侍中，此爲敬恭不終實也，古者親執祭事，故吾親納于袖，終抱而歸也。仲尼曰：「雖違衆，吾從下」，誠哉斯言也。魏志武帝紀注引魏書。又文館詞林六百九十五。

諸兒令

今壽春、漢中、長安，先欲使一兒各往督領之，欲擇慈孝不違吾令，亦未知用誰也。兒雖小時見愛，而長大能善，必用之。吾非有二言也，不但不私臣吏，兒子亦不欲有所私。御覽四百二十九。

賜死崔琰令

琰雖見刑，而通賓客，門若市人，對賓客虬鬚直視，若有所瞋。魏志崔琰傳。

賜夏侯惇伎樂名倡令 建安二十一年

魏絳以和戎之功，猶受金石之樂，況將軍乎！魏志夏侯惇傳。

又下諸侯長史令

諸侯長史及帳下吏，知吾出，輒將諸侯行意否。從子建私開司馬門來，吾都不復信諸侯也。恐吾適出，便復私出，故攝將行，不可恒使吾爾誰爲心腹也。魏志陳思王植傳注引魏武故事。

舉賢勿拘品行令 建安二十二年

昔伊摯、傅説出于賤人，管仲，桓公賊也，皆用之以興。蕭何、曹參，縣吏也，韓信、陳平負汙辱之名，有見笑之恥，卒能成就王業，聲著千載。吴起貪將，殺妻自信，散金求官，母死不歸，然在魏，秦人不敢東向，在楚則三晉不敢南謀。今天下得無有至德之人放在民間，及果勇不顧，臨敵力戰；若文俗之吏，高才異質，或堪爲將守；負汙辱之名，見笑之行，或不仁不孝而有治國用兵之術：其各舉所知，勿有所遺。魏志武帝紀注引魏書。

立太子令

告子文：汝等悉爲侯，而子桓獨不封，而爲五官中郎將，此是太子可知矣。御覽二百四十一引魏武令。

下田疇令

田子泰非吾所宜吏者。魏志田疇傳。

高選諸子掾屬令

侯家吏，宜得淵深法度如邢顒輩。魏志邢顒傳。

曹植私出開司馬門下令

始者謂子建，兒中最可定大事。魏志陳思王植傳注引魏武故事。

自臨菑侯植私出開司馬門至金門，令吾異目視此兒矣。同上。

卷三

使辛毗曹休參治下辨令 建安二十二年

昔高祖貪財好色，而良、平匡其過失，今佐治、文烈憂不輕矣。魏志辛毗傳。

敕王必領長史令 建安二十三年

領長史王必，是吾披荆棘時吏也。忠能勤事，心如鐵石，國之良吏也。蹉跌久未辟之，捨騏驥而弗乘，焉遑遑而更求哉？故教辟之，已署所宜，便以領長史統事如故。魏志武帝紀注引魏武故事。

贍給災民令 建安二十三年

去冬天降疫癘，民有凋傷，軍興于外，墾田損少，吾甚憂之。其令吏民男女：女年七十已上無夫子，若年十二已下無父母兄弟，及目無所見，手不能作，足不能行，而無妻子父兄産業者，廪食終身。幼者至十二止。貧窮不能自贍者，隨口給貸。老耄須待養者，年九十已上，復不事家一人。魏志武帝紀注引魏書。

終令　宋志引題如此　建安二十三年

古之葬者，必居瘠薄之地。其規西門豹祠西原上爲壽陵，因高爲基，不封不樹。周禮，冢人掌公墓之地，凡諸侯居左右以前，卿大夫居後，漢制亦謂之陪陵。其公卿大臣列將有功者，宜陪壽陵，其廣爲兆域，使足相容。魏志武帝紀。

假徐晃節令

此閣道，漢中之險要咽喉也。劉備欲斷絶外内以取漢中，將軍一舉克奪賊計，善之善者也。魏志徐晃傳。

原劉廙令

叔向不坐弟虎，古之制也。特原不問。魏志劉廙傳。

以徐奕爲中尉令

昔楚有子玉，文公爲之側席而坐；汲黯在朝，淮南爲之折謀。詩稱「邦之司直」，君之謂與！魏志徐奕傳。

勞徐晃令

賊圍塹鹿角十重，將軍致戰全勝，遂陷賊圍，多斬首虜。吾用兵三十餘年，及所聞古之善用兵者，未有長驅徑入敵圍者也。且樊、襄陽之在圍，過于莒、即墨，將軍之功，踰孫武、穰苴。魏志徐晃傳。

追稱丁幼陽令

昔吾同縣有丁幼陽者，其人衣冠良士，又學問材器，吾愛之。後以憂恚得狂病，即差愈，往來故當共宿止。吾常遣歸，謂之曰：「昔狂病，儻發作持兵刃，我畏汝。」俱共大笑，輒遣不與共宿。御覽七百三十九。

内誡令

平參王作問大人語元盈言卒位，㈠上設青布帳，教撤去，以爲大人自可施帳，當令君臣上下悉共見。書鈔一百三十二。

孤不好鮮飾嚴具，所用雜新皮韋笥，以黄韋緣中。遇亂無韋笥，乃作方竹嚴具，以帛衣麤布作裏，此孤之平常所用也。書鈔一百三十六。

百鍊利器，以辟不祥，攝服姦宄者也。御覽三百四十五。

吾衣被皆十歲也，歲歲解浣補納之耳。御覽八百十九。

今貴人位爲貴人，金印藍紱，女人爵位之極。御覽六百九十一。

吏民多製文繡之服，履絲不得過絳紫金黄絲織履。前于江陵得雜綵絲履，以與家，約當著盡此履，不得效作也。御覽六百九十七。

孤有逆氣病，常儲水卧頭。以銅器盛，臭惡，前以銀作小方器。人不解，謂孤喜銀物，令以木作。御覽七百五十六。

昔天下初定，吾便禁家内不得香熏。後諸女配國家爲其香，因此得燒香。吾不好燒香，恨不遂所禁，今復禁不得燒香，其以香藏衣著身亦不得。御覽九百八十一。

房室不潔，聽得燒楓膠及蕙草。御覽九百八十二。

〔一〕孔廣陶書鈔校注云：「平參以下十三字，舛脱不可句。」

禮讓令

里諺曰：「讓禮一寸，得禮一尺」，斯合經之要矣。御覽四百二十四。

辭爵逃禄，不以利累名，不以位虧德之謂讓。藝文類聚二十一引魏武帝雜事。

清時令

今清時，但當盡忠于國，效力王事，雖私結好于他人，用千匹絹，萬石穀，猶無所益。

百辟刀令

往歲作百辟刀五枚適成，先以一與五官將。其餘四，吾諸子中有不好武而好文學，將以次與之。藝文類聚六十。

鼓吹令

孤所以能常以少兵敵衆者，常念增戰士，忽餘事。是以往者有鼓吹而使步行，爲戰士愛馬也；不樂多署吏，爲戰士愛糧也。御覽五百六十七。

戒飲山水令

凡山水甚强寒，飲之皆令人痢。御覽七百四十三。

軍策令

孤先在襄邑，有起兵意，與工師共作卑手刀。時北海孫賓碩來候孤，譏孤曰：「當慕其大者，乃與工師共作刀耶？」孤答曰：「能小復能大，何苦！」書鈔一百二十三、御覽三百四十六。

袁本初鎧萬領，吾大鎧二十領；本初馬鎧三百具，吾不能有十具。見其少遂不施也，吾遂出奇破之。是時士卒精練，不與今時等也。御覽三百五十六。

夏侯淵今月賊燒卻鹿角。鹿角去本營十五里，淵將四百兵行鹿角，因使士補之。賊山上望見，從谷中卒出，淵使兵與鬭，賊遂繞出其後，兵退而淵未至，甚可傷。淵本非能用兵也，軍中呼爲「白地將軍」，爲督帥尚不當親戰，況補鹿角乎。御覽三百三十七。

軍令

吾將士無張弓弩于軍中，其隨大軍行，其欲試調弓弩者，得張之，不得著箭。犯者鞭二百，没入。吏不得于營中屠殺賣之，犯令，没所賣，及都督不糾白，杖五十。始出營，豎矛戟，舒幡旗，鳴鼓，行三里，辟矛戟，結幡旗，止鼓。將至營，舒幡旗，鳴鼓，至營訖，復結幡旗，止鼓。違令者髡翦以徇。軍行，不得斫伐田中五果桑柘棘棗。通典一百四十九。

船戰令

雷鼓一通，吏士皆嚴；再通，什伍皆就船。整持櫓棹，戰士各持兵器就船，各當其所。幢幡旗鼓，各隨將所載船。鼓三通鳴，大小戰船以次發，左不得至右，右不得至左，前後不得易。違令者斬。通典一百四十九。

步戰令

嚴鼓一通，步騎士悉裝；再通，騎上馬，步結屯；三通，以次出之，隨幡所指。住者結屯幡後，聞急鼓音整陳，斥候者視地形廣狹，從四角而立表，制戰陳之宜。諸部曲者，各自安部陳兵疏數，兵曹舉白。不如令者斬。兵若欲作陳對敵營，先白表，乃引兵就表而陳。臨陳皆無讙譁，明聽鼓音，旗幡麾前則前，麾後則後，麾左則左，麾右則右。麾不聞令，而擅前後左右者斬。伍中有不進者，伍長殺之；伍長有不進者，什長殺之；什長有不進者，都伯殺之。督戰部曲將，拔刃在後，察違令不進者斬之。一部受敵，餘部不進救者斬。臨戰兵弩不可離陳。離陳，伍長什長不舉發，與同罪。無將軍令，妄行陳間者斬。臨戰，陳騎皆當在軍兩頭；前陷，陳騎次之，游騎在後。違命髡鞭二百。兵進，退入陳間者斬。若步騎與賊對陳，臨時見地勢，便欲使騎獨進討賊者，聞三鼓音，騎特從兩頭進戰，視麾所指，聞三金音還。此但謂獨進戰時也。其步騎大戰，進退自如法。吏士向陳騎馳馬者斬。吏士有妄呼大聲者斬。追賊不得獨在前在後，犯令者罰金四兩。士將戰，皆不得取牛馬衣物。犯令者斬。進戰，士各隨其號。不隨號者，雖有功不賞。進戰，後兵出前，前兵在後，雖有功不賞。臨陳，牙門將騎督明受都令，諸部曲都督將吏士，各戰時校督部曲，督住陳後，察凡違令畏懦者。□有急，聞雷鼓音絶後，六音嚴畢，白辨便出。卒逃歸，斬之。一日家人弗捕執，及不言于吏，盡與同罪。通典一百四十九、又御覽二百九十六、三百節引作軍令。

與皇甫隆令

聞卿年出百歲，而體力不衰，耳目聰明，顔色和悦，此盛事也。所服食施行導引，可得聞乎？若有可傳，想可密示封内。千金方卷八十一。

遺令 建安二十五年

吾夜半覺小不佳，至明日飲粥汗出，服當歸湯。吾在軍中持法是也，至于小忿怒，大過失，不當效也。天下尚未安定，未得遵古也。吾有頭病，自先著幘，吾死之後，持大服如存時，勿遺。百官當臨殿中者，十五舉音，葬畢便除服；其將兵屯戍者，皆不得離屯部；有司各率乃職。斂以時服，葬于鄴之西岡上，與西門豹祠相近，無藏金玉珍寶。吾婢妾與伎人皆勤苦，使著銅雀臺，善待之。于臺堂上安六尺牀，施繐帳，朝晡上脯糒之屬，月旦十五日，自朝至午，輒向帳中作伎樂。汝等時時登銅雀臺，望吾西陵墓田。餘香可分與諸夫人，不命祭。諸舍中無所爲，可學作組履賣也。吾歷官所得綬，皆著藏中。吾餘衣裘，可別爲一藏，不能者兄弟可共分之。魏志武帝紀、宋書禮志二、世説言語篇注、文選陸機弔魏武文序、通典八十、書鈔一百三十二、御覽五百、又五百六十、又六百八十七、又六百九十七、六百九十九、八百二十、又八百五十九。

下州郡

昔仲尼之于顔子，每言不能不歎，既情愛發中，又宜率馬以驥。今吾亦冀衆人仰高山，慕景行也。魏志杜畿傳注引杜氏新書。

拒王芬辭

夫廢立之事，天下之至不祥也。古人有權成敗、計輕重而行之者，伊尹、霍光是也。伊尹懷至忠之誠，據宰臣之勢，處官司之上，故進退廢置，計從事立。及至霍光受託國之任，藉宗臣之位，内因太后秉政之重，外有羣卿同欲之勢，昌邑即位日淺，未有貴寵，朝乏讜臣，議出密近；故計行如轉圜，事成如摧朽。今諸君徒見曩者之易，未覩當今之難。諸君自度：結衆連黨，何若七國？合肥之貴，孰若吴、楚？而造作非常，欲望必克，不亦危乎！魏志武帝紀注引魏書。

遺荀攸書 建安元年

方今天下大亂，智士勞心之時也。而顧觀變蜀漢，不已久乎！魏志荀攸傳。

手書與吕布

山陽屯送將軍所失大封。國家無好金，孤自取家好金更相爲作印，國家無紫綬，自取所帶紫綬以籍心。將軍所使不良。袁術稱天子，將軍止之，而使不通章。朝廷信將軍，使復重上，以相明忠誠。魏志張邈傳注引英雄記。

與荀彧書 建安三年

賊來追吾，雖日行數里，吾策之，到安衆，破繡必矣。魏志武帝紀。

自志才亡後，莫可與計事者，汝、潁固多奇士，誰可以繼之？魏志郭嘉傳。

與君共事已來，立朝廷，君之相爲匡弼，君之相爲舉人，君之相爲建計，君之相爲密謀，亦已多矣。夫功未必皆野戰也，願君勿讓。魏志荀彧傳注引彧别傳。

與荀彧書追傷郭嘉

郭奉孝年不滿四十，相與周旋十一年，險阻艱難，皆共罹之。又以其通達，見世事無所疑滯，欲以後事屬之。何意卒爾失之，悲痛傷心！今表增其子滿千户，然何益亡者！追念之感深。且奉孝乃知孤者也，天下人相知者少，又以此痛惜，奈何奈何！魏志郭嘉傳注引傅子。

追惜奉孝，不能去心。其人見時事兵事，過絶於人；又人多畏病，南方有疫，常言吾往南方，則不生還。然與共論計，云當先定荆。此爲不但見計之忠厚，必欲立功分，棄命定事。人心乃爾，何得使人忘之！魏志郭嘉傳注引傅子。

與鍾繇書

得所送馬，甚應其急。關右平定，朝廷無西顧之憂，足下之勳也。昔蕭何鎮守關中，足食成軍，亦適當爾。魏志鍾繇傳。

手書答朱靈

兵中所以爲危險者，外對敵國，内有姦謀不測之變。昔鄧禹中分光武軍西行，而有宗歆、馮愔之難，後將二十四騎還洛陽。禹豈以是減損哉！來書懇惻，多引咎過，未必如所云也。魏志徐晃傳注引魏書。

與王脩書

君澡身浴德，流聲本州，忠能成績，爲世美談，名實相副，過人甚遠。孤以心知君，至深至熟，非徒耳目而已也。察觀先賢之論，多以鹽鐵之利，足贍軍國之用。昔孤初立司金之官，念非屈君，餘無可者。故與君教曰：「昔遏父陶正，民賴其器用，及子嬀滿，建侯于陳；近桑弘羊，位至三公。此君元龜之兆先告者也。」是孤用君之本言㈠也，或恐衆人未曉此意。自是以來，在朝之士，每得一顯選，常舉君爲首，及聞袁軍師衆賢之議，以爲不宜越君。然孤執心將有所底，以軍師之職，閑于司金，至于建功，重于軍師。孤之精誠，足以達君；君之察孤，足以不疑。但恐旁人淺見，以蠡測海，爲蛇畫足，將言前後百選，輒不用之，而使此君沈滯治官。張甲李乙，尚猶先之，此主人意待之不優之效也。孤懼有此空聲冒實，淫鼃亂耳。假有斯事，亦庶鍾期不失聽也；若其無也，過備何害！昔宣帝察少府蕭望之才任宰相，故復出之，令爲馮翊。從正卿往，似於左遷。上使侍中宣意曰：「君守平原日淺，故復試君三輔，非有所間也。」孤揆先主中宗之意，誠備此事。既君崇勳業以副孤意。公叔文子與臣俱升，獨何人哉！魏志王脩傳注引魏略。

㈠張溥漢魏六朝百三家集本魏武帝集「言」作「意」。

與孫權書

近者奉辭伐罪，旄麾南指，劉琮束手。今治水軍八十萬衆，方與將軍會獵于吳。吴志孫權傳注引江表傳。

赤壁之役，值有疾病，孤燒船自退，横使周瑜虚獲此名。吴志周瑜傳注引江表傳。

手書與閻行

觀文約所爲，使人笑來。吾前後與之書，無所不説，如此何可復忍！卿父諫議，自平安也。雖然，牢獄之中，非養親之處，且又官家亦不能久爲人養老也。魏志張既傳注引魏略。

報蒯越書 建安十九年

死者反生，生者不愧。孤少所舉，行之多矣。魂而有靈，亦將聞孤此言也。魏志劉琮傳注引傅子。

與太尉楊彪書

操白：與足下同海内大義，足下不遺，以賢子見輔。比中國雖靖，方外未夷，今軍征事大，百姓騷擾。吾制鐘鼓之音，主簿宜守。而足下賢子，恃豪父之勢，每不與吾同懷，即欲直繩，顧頗恨恨。謂其能改，遂轉寬舒，復即宥貸，將延足下尊門大累，便令刑之。念卿父息之情，同此悼楚，亦未必非幸也。今贈足下錦裘二領，八節銀角桃杖一枚，青氈牀褥三具，官絹五百匹，錢六十萬，畫輪四望通幰七香車一乘，青牸牛二頭，八百里驊騮馬一匹，赤戎金裝鞍轡十副，鈴毦一具，驅使二人，並遺足下貴室錯綵羅縠裘一領，織成韡一量，有心青衣二人，長奉左右。所奉雖薄，以表吾意。足下便當慨然承納，不致往返。古文苑，又略見書鈔一百三十三、一百三十四、御覽三百四十一、四百七十八、又七百七十五。

答袁紹 初平元年

董卓之罪，暴于四海，吾等合大衆，興義兵，而遠近莫不響應，此以義動故也。今幼主微弱，制于奸臣，未有昌邑亡國之釁，而一旦改易，天下其孰安之？諸君北面，我自西向。魏志武帝紀注引魏書。

報荀彧

君之策謀，非但所表二事。前後謙沖，欲慕魯連先生乎？此聖人達節者所不貴也。昔介子推有言：「竊人之財，猶謂之盜。」況君密謀安衆，光顯于孤者以百數乎！以二事相還而復辭之，何取謙亮之多邪！魏志荀彧傳注引彧别傳。

楊阜讓爵報

君與羣賢共建大功，西土之人，以爲美談。子貢辭賞，仲尼謂之止善，君其剖心以順國命。

姜敍之母，勸敍早發，明智乃爾，雖楊敞之妻，蓋不過此，賢哉賢哉！良史紀録，必不墜于地矣。魏志楊阜傳。

報劉廙 建安二十年

非但君當知臣，臣亦當知君。今欲使吾坐行西伯之德，恐非其人也。魏志劉廙傳。

孫子序 按太平御覽作孫子兵法序

操聞上古有弧矢之利，論語曰「足兵」，御覽「足兵」上有「足食」二字。尚書八政曰「師」，易曰：「師貞丈人吉」，詩曰：「王赫斯怒，爰征其旅」，黄帝、湯、武咸用干戚以濟世也。司馬法曰：「人故殺人，殺之可也。」恃武者滅，恃文者亡，二「恃」字，御覽皆作「用」。夫差、偃王是也。聖人之用兵，御覽作「聖賢之於兵也」。戢而時動，不得已而用之。吾觀兵書戰策多矣，孫武所著深矣。孫子者，齊人也，名武，爲吴王闔閭作兵法一十三篇，試之婦人，卒以爲將，西破强楚入郢，北威齊、晉。後百歲餘有孫臏，是武之後也。自「孫子者」以下五十字，據御覽補。按史記正義引魏武帝注云：「孫子者，齊人，事於吴王闔閭，爲吴將，作兵法十三篇。」正義所引，即謂此文也。審計重舉，明畫深圖，不可相誣。而但世人未之深亮訓説，況文煩富，行於世者，失其旨要，故撰爲略解焉。岱南閣叢書本孫子十家注。

戒子植

吾昔爲頓丘令，年二十三。思此時所行，無悔于今。今汝年亦二十三矣，可不勉歟！魏志陳思王植傳，又御覽四百五十九引曹植别傳。

四時食制

郫縣子魚，黄鱗赤尾，出稻田，可以爲醬。御覽九百三十六。

䲙，一名黄魚，大數百斤，骨軟可食，出江陽、犍爲。御覽九百三十六。

蒸鮎。御覽九百三十七。

東海有大魚如山，長五六里，謂之鯨鯢，次有如屋者。時死岸上，膏流九頃。其鬚長一丈。廣三尺，厚六寸，瞳子如三升碗，大骨可爲矛矜。御覽九百三十八。

海牛魚皮生毛，可以飾物，出揚州。御覽九百三十九。

望魚側如刀，可以刈草，出豫章明都澤。御覽九百三十九。

蕭拆魚，海之乾魚也。御覽九百三十九。

鯆鯆魚黑色，大如百斤豬，黄肥不可食，數枚相隨，一浮一沈。一名數，常見首，出淮及五湖。御覽九百三十九。

蕃踰魚如鼈，大如箕，甲上邊有髯，無頭，口在腹下，尾長數尺有節，有毒螫人。御覽九百三十九。

髮魚帶髮如婦人，白肥無鱗，出滇池。御覽九百四十。

蒲魚，其鱗如粥，出郫縣。御覽九百四十。

疏齒魚，味如豬肉，出東海。御覽九百四十。

斑魚，頭中有石如珠，出北海。御覽九百四十。

鱣魚，大如五斗匳，長丈，口頷下。常三月中從河上；常于孟津捕之，黄肥，唯以作酢。淮水亦有。初學記三十。

題識送終衣匳

有不諱，隨時以斂。金珥珠玉銅鐵之物，一不得送。通典七十九。

祀故太尉橋玄文 建安七年

故太尉橋公，誕敷明德，汎愛博容。國念明訓，士思令謨。靈幽體翳，邈哉晞矣！吾以幼年逮升堂室，特以頑鄙之姿，爲大君子所納。增榮益觀，皆由獎助，猶仲尼稱不如顔淵，李生之厚歎賈復。士死知己，懷此無忘。又承從容約誓之言：「殂逝之後，路有經由，不以斗酒隻雞過相沃酹，車過三步，腹痛勿怪。」雖臨時戲笑之言，非至親之篤好，胡肯爲此辭乎？匪謂靈忿，能詒己疾，舊懷惟顧，念之悽愴。奉命東征，屯次鄉里，北望貴土，乃心陵墓。裁致薄奠，公其尚饗！魏志武帝紀注引褒賞令。

在陽平將還師令 建安二十四年

雞肋。魏志武帝紀注引九州春秋。

選留府長史令

釋騏驥而不乘，焉皇皇而更索。魏志杜襲傳。

遣徐商呂建等詣徐晃令

須兵馬集至，乃俱前。魏志徐晃傳。

造發石車令

傳言旝動而鼓。本注云，説文曰：「旝，發石車也。」御覽三百三十七引魏武本紀。

營繕令

諸私家不得有艨衝等船。御覽七百七十，不載姓名，今姑附此，俟考。

下荆州書 建安十三年

不喜得荆州，喜得蒯異度耳。魏志劉表傳注引傅子。

與諸葛亮書

今奉雞舌香五斤，以表微意。

報荀彧

微足下之相難，所失多矣。水經淯水注。

繡遏吾歸師，迫我死地。水經淯水注。

家傳

曹叔振鐸之後。魏志蔣濟傳注。

兵書要略

銜枚無讙譁，唯令之從。㈠御覽三百五十七。

㈠案四部叢刊影宋本及清光緒刻本太平御覽均云引自魏文帝兵書要略。

兵書接要

孫子稱司雲氣非雲非烟非霧，形似禽獸，客吉、主人忌。御覽卷八。

大軍將行，雨濡衣冠，是謂洒兵。其師有慶。御覽卷十一。

三軍將行，其旗埶然若雨，是謂天露。三軍失徒。將陣，雨甚，是謂浴屍。先陣者敗亡。同上。

大將始行，雨而薄，不濡衣冠，是謂天泣。其將大凶，其卒散亡。同上。

兵法

太白已出高，賊魚入人境，可擊必勝，去勿追，雖見其利，必有後害。開元占經四十五。

失題

好學明經。書鈔十二引魏武帝集。

失題

荀欣等曰：「漢制：王所居曰禁中，諸公所居曰省中。」文選六魏都賦李善注引魏武集。

附録

爲曹公作書與孫權

阮瑀

離絶以來，于今三年，無一日而忘前好，亦猶姻媾之義，恩情已深，違異之恨，中間尚淺也。孤懷此心，君豈同哉？每覽古今所由改趣，因縁侵辱，或起瑕釁，心忿意危，用成大變。若韓信傷心於失楚，彭寵積望於無異，盧綰嫌畏於已隙，英布憂迫於情漏，此事之縁也。孤與將軍恩如骨肉，割授江南，不屬本州，豈若淮陰捐舊之恨；抑遏劉馥，相厚益隆，寧放朱浮顯露之奏；無匿張勝貸故之變，匪有陰構賁赫之告，固非燕王、淮南之釁也。而忍絶王命，明棄碩交，實爲佞人所構會也。夫似是之言，莫不動聽；因形設象，易爲變觀。示之以禍難，激之以恥辱，大丈夫雄心，能無憤發。昔蘇秦説韓，羞以牛後；韓王按劍，作色而怒；雖兵折地割，猶不爲悔，人之情也。仁君年壯氣盛，緒信所嬖，既懼患至，兼懷忿恨，不能復遠度孤心，近慮事勢，遂齎見薄之決計，秉翻然之成議；加劉備相扇揚，事結釁連，推而行之，想暢本心，不願於此也。孤之薄德，位高任重，幸蒙國朝將泰之運，蕩平天下，懷集異類，喜得全功，長享其福；而姻親坐離，厚援生隙，常恐海内多以相責，以爲老夫苞藏禍心，陰有鄭武取胡之詐，乃使仁君翻然自絶，以是忿忿，懷慙反側。常思除棄小事，更申前好，二族俱榮，流祚後嗣，以明雅素中誠之效，抱懷數年，未得散意。昔赤壁之役，遭離疫氣，燒舡自還，以避惡地，非周瑜水軍所能抑挫也；江陵之守，物盡穀殫，無所復據，徙民還師，又非瑜之所能敗也。荆土本非己分，我盡與君，冀取其餘，非相侵肌膚，有所割損也。思計此變，無傷於孤，何必自遂於此，不復還之。高帝設爵以延田横，光武指河而誓朱鮪，君之負累，豈如二子？是以至情，願聞德音。往年在譙，新造舟舡，取足自載，以至九江，貴欲觀湖漅之形，定江濱之民耳；非有深入攻戰之計，將恐議者大爲己榮，自謂策得，長無西患，重以此故，未肯迴情。然智者之慮，慮於未形；達者所規，規於未兆。是故子胥知姑蘇之有麋鹿，輔果識智伯之爲趙禽；穆生謝病，以免楚難；鄒陽北遊，不同吴禍。此四士者，豈聖人哉？徒通變思深，以微知著耳。以君之明，觀孤術數，量君所據，相計土地，豈勢少力乏，不能遠舉，割江之表，晏安而已哉？甚未然也。若恃水戰，臨江塞要，欲令王師終不得渡，亦未必也。夫水戰千里，情巧萬端，越爲三軍，吴曾不禦；漢潛夏陽，魏豹不意。江河雖廣，其長難衛也。凡事有宜，不得盡言，將修舊好而張形勢，更無以威脅重敵人。然有所恐，恐書無益。何則？往者軍逼而自引還，今日在遠而興慰納，辭遜意狹，謂其力盡，適以增驕，不足相動，但明效古，當自圖之耳。昔淮南信左吴之策，漢隗囂納王元之言，彭寵受親吏之計，三夫不寤，終爲世笑；梁王不受詭、勝，竇融斥逐張玄，二賢既覺，福亦隨之；願君少留意焉。若能内取子布，外擊劉備，以效赤心，用復前好，則江表之任，長以相付，高位重爵，坦然可觀，上令聖朝無東顧之勞，下令百姓保安全之福，君享其榮，孤受其利，豈不快哉！若忽至誠，以處僥倖，婉彼二人，不忍加罪，所謂小人之仁，大仁之賊，大雅之人，不肯爲此也。若憐子布，願言俱存，亦能傾心去恨，順君之情，更與從事，取其後善，但禽劉備，亦足爲效。開設二者，審取一焉。聞荆、揚諸將，並得降者，皆言交州爲君所執，豫章距命，不承執事，疫旱並行，人兵減損，各求進軍，其言云云。孤聞此言，未以爲悦。然道路既遠，降者難信，幸人之災，君子不爲；且又百姓國家之有，加懷區區，樂欲崇和，庶幾明德，來見昭副，不勞而定，於孤益貴，是故按兵守次，遣書致意。古者兵交，使在其中，願仁君及孤，虚心回意，以應詩人補衮之歎，而慎周易牽復之義。濯鱗清流，飛翼天衢，良時在茲，勗之而已。文選四十二。

爲曹公與劉備書

阮瑀

披懷解帶，投分託意。文選二十潘岳金谷集作詩注。

爲曹公與孔融書

路粹

蓋聞唐、虞之朝，有克讓之臣，故麟鳳來而頌聲作也。後世德薄，猶有殺身爲君，破家爲國。及至其敝，睚眦之怨必讎，一餐之惠必報，故鼂錯念國，遘禍於袁盎；屈平悼楚，受譖於椒、蘭；彭寵傾亂，起自朱浮；鄧禹威損，失於宗、馮。繇此言之，喜怒怨愛，禍福所因，可不慎歟！昔廉、藺小國之臣，猶能相下；寇、賈倉卒武夫，屈節崇好。光武不問伯升之怨，齊侯不疑射鉤之虜。夫立大操者，豈累細故哉！往聞二君有執法之平，以爲小介，當收舊好。而怨毒漸積，志相危害，聞之憮然中夜而起！昔國家東遷，文舉盛歎鴻豫名實相副，綜達經學，出於鄭玄，又明司馬法；鴻豫亦稱文舉奇逸博聞。誠怪今者與始相違。孤與文舉既非舊好，又於鴻豫亦無恩紀，然願人之相美，不樂人之相傷，是以區區思協歡好。又知二君羣小所構，孤爲人臣，進不能風化海内，退不能建德和人，然撫養戰士，殺身爲國，破浮華交會之徒，計有餘矣。後漢書一百孔融傳。　案後漢書無路粹代作之言，據嚴可均説，文選任昉王文憲集序注引路粹爲曹公與孔融書云：「邀一言之譽者，計有餘矣。」證知此文是路粹作，今此無「邀一言之譽者」，范史有删節也。

孫子注

計篇

曹公曰：計者，選將量敵，度地料卒，遠近險易，計於廟堂也。

孫子曰：兵者，國之大事，死生之地，存亡之道，不可不察也。故經之以五校之計而索其情：

曹公曰：謂下五事，彼我之情。原本作「謂下五事七計，求彼我之情也」。按此後人臆增，從通典、御覽改正。

一曰道，二曰天，三曰地，四曰將，五曰法。道者，令民與上同意也，故可與之死，可與之生，而民不畏危。

曹公曰：謂道之以教令。危者，危疑也。

天者，陰陽、寒暑、時制也。

曹公曰：順天行誅，因陰陽通典及御覽，「陰陽」下有「剛柔」二字。四時之制，故司馬法曰：「冬夏不興師，所以兼愛民也。」

地者，遠近、險易，廣狹、死生也。

曹公曰：言以九地形勢不同，因時制利也。通典及御覽作「制度」，非。論在九地篇中。

將者，智、信、仁、勇、嚴也。

曹公曰：將宜五德備也。

法者，曲制、官道、主用也。

曹公曰：曲制者，部曲旛幟金鼓之制也；官者，百官之分也；道者，糧路也；主用者，主軍費用也。原本作「主君」，誤，今從通典、御覽改正。

凡此五者，將莫不聞，知之者勝，不知者不勝。

曹公曰：同聞五者，將知其變極即勝也。原本誤於「而索其情」下，今改正。

故校之以計而索其情。

曹公曰：索其情者，勝負之情。

曰主孰有道，將孰有能，

曹公曰：道德智能。按御覽引「校之以計」，作「校之以五計」。五計者，主孰有道，將孰有能，一也；天地孰得，二也；法令孰行，三也；兵衆孰强，士卒孰練，四也；賞罰孰明，五也。故其注文，各附正文。而主孰有道，將孰有能爲一節；兵衆孰强，士卒孰練爲一節。今杜佑注于「兵衆士卒」二句，亦合解之。然則魏武解辨本詳，其注意亦與杜佑同也。道德智能四字，既統釋二句，不當在「主孰有道」句下，今改正。

天地孰得，

曹公曰：天時、地利。

法令孰行，

曹公曰：設而不犯，犯而必誅。

兵衆孰强，士卒孰練，賞罰孰明，吾以此知勝負矣。

曹公曰：以七事計之，知勝負矣。

將聽吾計，用之必勝，留之；將不聽吾計，用之必敗，去之。

曹公曰：不能定計，則退而去也。

計利以聽，乃爲之勢以佐其外；

曹公曰：常法之外也。

勢者，因利而制權也。

曹公曰：制由權也，權因事制也。

兵者，詭道也。

曹公曰：兵無常形，以詭詐爲道。

故能而示之不能，用而示之不用，近而示之遠，遠而示之近。利而誘之，亂而取之，實而備之，

曹公曰：敵治實須備之也。

强而避之，

曹公曰：避其所長也。

怒而撓之，

曹公曰：待其衰懈也。

卑而驕之，佚而勞之，

曹公曰：以利勞之。

親而離之，

曹公曰：以間離之。

攻其無備，出其不意。

曹公曰：擊其懈怠，出其空虚。

此兵家之勝，不可先傳也。

曹公曰：傳猶洩也。兵無常勢，水無常形，御覽作「兵無成勢，無常形」。按此用下篇語也，御覽誤。臨敵變化，不可先傳，故曰料敵在心，察機在目也。原本「傳」下有「也」字，「故」下無「曰」字，今從御覽改正。

夫未戰而廟算勝者，得算多也；未戰而廟算不勝者，得算少也。多算勝，少算不勝，而況於無算乎！吾以此觀之，勝負見矣。

曹公曰：以吾道觀之矣。

作戰篇

曹公曰：欲戰必先算其費，務因糧於敵也。

孫子曰：凡用兵之法，馳車千駟，革車千乘，帶甲十萬。

曹公曰：馳車，輕車也，駕駟馬，凡千乘。據御覽補。按王晳引曹注，亦有「凡千乘」三字。革車，重車也，言萬騎之重也。一車駕四馬，原本作「萬騎之重，車駕四馬」，今據御覽補。卒十騎一重。原本作「率三萬軍」，今據御覽改。養二人主炊，家子一人主保固守衣裝，廐二人御覽「廐」作「斯」。主養馬，凡五人。步兵十人，重以大車駕牛。養二人主炊，家子一人主守衣裝，凡三人也。帶甲十萬，士卒數也。

千里饋糧，

曹公曰：越境千里。

則内外之費，賓客之用，膠漆之材，車甲之奉，日費千金，然後十萬之師舉矣。

曹公曰：謂贈賞猶在外。原本「贈」譌作「購」，今改正。杜牧亦云「贈賞猶在外」。

其用戰也，勝久則鈍兵挫鋭，攻城則力屈，

曹公曰：鈍，弊也；屈，盡也。

久暴師則國用不足。夫鈍兵、挫鋭、屈力、殫貨，則諸侯乘其弊而起，雖有智者，不能善其後矣。故兵聞拙速，未睹巧之久也。

曹公曰：雖拙有以速勝。未睹者，言其無也。

夫兵久而國利者，未之有也。故不盡知用兵之害者，則不能盡知用兵之利也。善用兵者，役不再籍，糧不三載；

曹公曰：籍猶賦也，言初賦民便取勝，不復歸國發兵也。始載糧，後遂因食於敵，還兵入國，不復以糧迎之也。

取用於國，因糧於敵，故軍食可足也。

曹公曰：兵甲戰具，取用國中，糧食因敵也。

國之貧於師者遠輸，遠輸則百姓貧。近於師者貴賣，貴賣則百姓財竭，

曹公曰：軍行已出界，近師者貪財，皆貴賣，則百姓虚竭也。

財竭則急於丘役。力屈財殫，中原内虚於家，百姓之費，十去其七。

曹公曰：丘，十六井也。百姓財殫盡而兵不解，則運糧盡力於原野也。十去其七者，所破費也。

公家之費，破車罷馬，甲胄矢弩，戟楯蔽櫓，丘牛大車，十去其六。

曹公曰：丘牛謂丘邑之牛，大車乃長轂車也。

故智將務食於敵。食敵一鍾，當吾二十鍾；萁秆一石，當吾二十石。

曹公曰：六斛四㪷爲鍾。計千里轉運，二十鍾而致一鍾於車中也。原本脱，今據太平御

〔覽補〕萁，豆稭也；秆，禾藁也。石者，一百二十斤也。轉輸之法，費二十石得一石。一云，萁音忌，豆也，七十斤爲一石。當吾二十，言遠費也。

故殺敵者，怒也；

曹公曰：威怒以致敵。

取敵之利者，貨也。

曹公曰：軍無財，士不來；軍無賞，士不往。

故車戰，得車十乘已上，賞其先得者，

曹公曰：以車戰能得敵車十乘已上，賞賜之。不言車戰得車十乘已上者賞之，而言賞得者何？言欲開示賞其所得車之卒也。陳車之法，五車爲隊，僕射一人。十車爲官，卒長一人。車十乘，乘將吏二人。因而用之，故别言賜之，欲使將恩下及也。或云，言使自有車十乘已上與敵戰，但取其有功者賞之，其十乘已下，雖一乘獨得，餘九乘皆賞之，所以率進勵士也。

而更其旌旗，

曹公曰：與吾同也。

車雜而乘之，

曹公曰：不獨任也。

卒善而養之，是謂勝敵而益强。

曹公曰：益己之强。

故兵貴勝，不貴久。

曹公曰：久則不利。兵猶火也，不戢將自焚也。

故知兵之將，民之司命，國家安危之主也。

曹公曰：將賢則國安也。

謀攻篇

曹公曰：欲攻敵，必先謀。

孫子曰：凡用兵之法，全國爲上，破國次之；

曹公曰：興師深入長驅，距其城郭，絶其内外，敵舉國來服爲上。以兵擊破，敗而得之，其次也。

全軍爲上，破軍次之；

曹公曰：司馬法曰：「一萬二千五百人爲軍。」

全旅爲上，破旅次之；

曹公曰：五百人爲旅。

全卒爲上，破卒次之；

曹公曰：一旅已下原本作「一校已上」，字之譌也，今改正。至一百人也。

全伍爲上，破伍次之。

曹公曰：百人已下至五人。

是故百戰百勝，非善之善者也；不戰而屈人之兵，善之善者也。

曹公曰：未戰而敵自屈服。

故上兵伐謀，

曹公曰：敵始有謀，伐之易也。

其次伐交，

曹公曰：交，將合也。

其次伐兵，

曹公曰：兵形已成也。

下政攻城；

曹公曰：敵國以收其外糧，城以攻之，爲下政也。

攻城之法，爲不得已。修櫓轒轀，具器械，三月而後成，距闉又三月而後已；

曹公曰：修，治也；櫓，大楯也；轒轀者，轒牀也。轒牀其下四輪，從中推之至城下也。具，備也；器械者，機關攻守之總名，蜚古「飛」字，原本作「飛」，今據御覽改正，從其初所用字也。樓雲梯之屬；距闉者，踴土積原本作「稍」，字之譌，今據御覽及杜佑注改正。高而前，以附其城也。

將不勝其忿而蟻附之，殺士三分之一，而城不拔者，此攻之災。

曹公曰：將忿不待攻城器，而使士卒緣城而上，如蟻之緣牆，殺傷士卒也。

故善用兵者，屈人之兵，而非戰也；拔人之城，而非攻也；毁人之國，而非久也。

曹公曰：毁滅人國，不久露師也。

必以全争於天下，故兵不頓而利可全，此謀攻之法也。

曹公曰：不與敵戰而必完全得之，立勝於天下，不頓兵血刃也。

故用兵之法，十則圍之，

曹公曰：以十敵一則圍之，是將智勇等而兵利鈍均也。若主弱客强，不用十也，按杜佑作通典，每全引曹注，義有未了，即以己意增釋之，「不用十也」四字，據通典補。操所以倍兵圍下邳生擒吕布也。

五則攻之，

曹公曰：以五敵一，則三術爲正，二術爲奇。原本「二術」作「一術」者譌，據杜牧、張預注改正。

倍則分之，

曹公曰：以二敵一，則一術爲正，一術爲奇。

敵則能戰之，

曹公曰：己與敵人衆等，善者猶當設伏奇以勝之。

少則能逃之，

曹公曰：高壁堅壘，勿與戰也。

不若則能避之。

曹公曰：引兵避之也。

故小敵之堅，大敵之擒也。

曹公曰：小不能當大也。

夫將者，國之輔也，輔周則國必强，

曹公曰：將周密，謀不泄也。

輔隙則國必弱。

故君之所以患於軍者三：不知軍之不可以進而謂之進，不知軍之不可以退而謂之退，是謂縻軍；

曹公曰：形見於外也。

曹公曰：縻，御也。

不知三軍之事，而同三軍之政者，則軍士惑矣；

曹公曰：軍容不入國，國容不入軍，禮不可以治兵也。

不知三軍之權，而同三軍之任，則軍士疑矣。

曹公曰：不得其人意也。

三軍既惑且疑，則諸侯之難至矣，是謂亂軍引勝。

曹公曰：引，奪也。

故知勝有五：知可以戰與不可以戰者勝，識衆寡之用者勝，上下同欲者勝，

曹公曰：君臣同欲。

以虞待不虞者勝，將能而君不御者勝。

曹公曰：司馬法曰：「進退惟時，無曰寡人」也。

此五者，知勝之道也。

曹公曰：此上五事也。

故曰：知彼知己，百戰不殆；不知彼而知己，一勝一負；不知彼，不知己，每戰必殆。

形篇

曹公曰：軍之形也。我動彼應，兩敵相察情也。

孫子曰：昔之善戰者，先爲不可勝，以待敵之可勝。不可勝在己，可勝在敵。

曹公曰：自修理以待敵之虚懈也。

故善戰者，能爲不可勝，不能使敵必可勝，故曰：勝可知，

曹公曰：見成形也。

而不可爲。

曹公曰：敵有備故也。

不可勝者守也，

曹公曰：藏形也。

可勝者攻也。

曹公曰：敵攻己，乃可勝。

守則不足，攻則有餘。

曹公曰：吾所以守者，力不足也；所以攻者，力有餘也。

善守者藏於九地之下，善攻者動於九天之上，故能自保而全勝也。

曹公曰：因山川丘陵之固者，藏於九地之下；因天時之便者，動於九天之上。

見勝不過衆人之所知，非善之善者也；

曹公曰：當見未萌。

戰勝而天下曰善，非善之善者也；

曹公曰：交争勝也。原本作「争鋒也」，據御覽改正。故太公曰：「争勝於白刃之□，非良將也。」據御覽補。

故舉秋毫不爲多力，見日月不爲明目，聞雷霆不爲聰耳。

曹公曰：易見聞也。

古之所謂善戰者勝，勝易勝者也。

曹公曰：原微易勝，攻其可勝，不攻其不可勝也。

故善戰者之勝也，無智名，無勇功。

曹公曰：敵兵形未成，原本作「未形」，從御覽改。勝之無赫赫之功也。

故其戰勝不忒；不忒者，其所措必勝，勝已敗者也。

曹公曰：察敵有可敗，不差忒也。

故善戰者，立於不敗之地，而不失敵之敗也。是故勝兵先勝而後求戰，敗兵先戰而後求勝。

曹公曰：有謀與無慮也。

善用兵者，修道而保法，故能爲勝敗之政。

曹公曰：善用兵者，先自修治爲不可勝之道，保法度不失敵之敗亂也。

兵法一曰度，二曰量，三曰數，四曰稱，五曰勝。

曹公曰：勝敗之政，用兵之法，當以此五事稱量，知敵之情。

地生度，

曹公曰：因地形勢而度之。

度生量，量生數，

曹公曰：知其遠近廣狹，知其人數也。

數生稱，

曹公曰：稱量敵孰愈也。

稱生勝。

曹公曰：稱量之數，知其勝負所在。

故勝兵若以鎰稱銖，敗兵若以銖稱鎰，

曹公曰：輕不能舉重也。

勝者之戰民也，若決積水於千仞之谿者，形也。

曹公曰：八尺曰仞。決水千仞，其勢疾也。御覽注：仞，七尺也，其勢疾也。原本云「其高勢疾也」，衍，從御覽。

勢篇

曹公曰：用兵任勢也。

孫子曰：凡治衆如治寡，分數是也；

曹公曰：部曲爲分，什伍爲數。

鬬衆如鬬寡，形名是也；

曹公曰：旌旗曰形，金鼓曰名。

三軍之衆，可使必受敵而無敗者，奇正是也；

曹公曰：先出合戰爲正，後出爲奇。

兵之所加，如以碫投卵者，虚實是也。

曹公曰：以至實擊至虚。

凡戰者，以正合，以奇勝。

曹公曰：正者當敵，奇兵從傍擊不備也。

故善出奇者，無窮如天地，不竭如江河，終而復始，日月是也；死而復生，四時是也。聲不過五，五聲之變，不可勝聽也。色不過五，五色之變，不可勝觀也。味不過五，五味之變，不可勝嘗也。

曹公曰：自無窮如天地已下，皆以喻奇正之無窮也。

戰勢不過奇正，奇正之變，不可勝窮也。奇正相生，如循環之無端，孰能窮之？激水之疾，至於漂石者，勢也；鷙鳥之疾，至於毁折者，節也。

曹公曰：發起擊敵。

是故善戰者，其勢險，

曹公曰：險猶疾也。

其節短。

曹公曰：短，近也。

勢如彍弩，節如發機。

曹公曰：在度不遠，發則中也。

紛紛紜紜，鬬亂而不可亂也；渾渾沌沌，形圓而不可敗也。

曹公曰：旌旗亂也，示敵若亂，以金鼓齊之。車騎原本作「卒騎」者，誤，從通典改正。轉而形圓者，出入有道齊整也。

亂生於治，怯生於勇，弱生於彊。

曹公曰：皆毁形匿情也。

治亂數也，

曹公曰：以部曲分名數爲之，故不亂也。

勇怯勢也，彊弱形也。

曹公曰：形勢所宜。

故善動敵者，形之敵必從之，

曹公曰：見羸形也。

予之敵必取之，

曹公曰：以利誘敵，敵遠離其壘，而以便勢擊其空虚孤特也。

以利動之，以卒待之。

曹公曰：以利動敵也。

故善戰者，求之於勢，不責於人，故能擇人而任勢。

曹公曰：求之於勢者，專任權也；不責於人者，權變明也。

任勢者，其戰人也，如轉木石。木石之性，安則靜，危則動，方則止，圓則行。

曹公曰：任自然勢也。

故善戰人之勢，如轉圓石於千仞之山者，勢也。

虛實篇

曹公曰：能虛實彼己也。

孫子曰：凡先處戰地而待敵者佚，

曹公曰：力有餘也。

後處戰地而趨戰者勞。故善戰者，致人而不致於人。能使敵人自至者，利之也；

曹公曰：誘之以利也。

能使敵人不得至者，害之也。

曹公曰：出其所必趨，攻其所必救。

故敵佚能勞之，

曹公曰：以事煩之。御覽作「以利煩之」者，非。

飽能飢之，

曹公曰：絶糧道以飢之。

安能動之。

曹公曰：攻其所必愛，出其所必趨，則使敵不得不相救也。

出其所必趨，趨其所不意。

曹公曰：使敵不得不相往而救之也。

行千里而不勞者，行於無人之地也；

曹公曰：出空擊虚，避其所守，擊其不意。

攻而必取者，攻其所不守也；守而必固者，守其所不攻也。故善攻者，敵不知其所守；善守者，敵不知其所攻。

曹公曰：情不泄也。

微乎微乎，至於無形，神乎神乎，至於無聲，故能爲敵之司命。進而不可禦者，衝其虚也；退而不可追者，速而不可及也。

曹公曰：卒往進攻其虚懈，退又疾也。

故我欲戰，敵雖高壘深溝，不得不與我戰者，攻其所必救也。

曹公曰：絶其糧道，守其歸路，攻其君主也。

我不欲戰，畫地而守之，

曹公曰：軍不欲煩也。

敵不得與我戰者，乖其所之也。

曹公曰：乖，戾也。戾其道示以利害，使敵疑之。我未修壘塹，敵人不以形勢之長，就能加之於我者，不敢攻我也。自「我未修壘」以下，據御覽補。

故形人而我無形，則我專而敵分。我專爲一，敵分爲十，是以十共其一也，則我衆而敵寡。能以衆擊寡者，則吾之所與戰者約矣。吾所與戰之地不可知，不可知，則敵所備者多，敵所備者多，則吾所與戰者寡矣。

曹公曰：形藏敵疑，則分離其衆備我也，言少而易擊也。

故備前則後寡，備後則前寡，備左則右寡，備右則左寡，無所不備，則無所不寡。寡者，備人者也；衆者，使人備己者也。

曹公曰：上所謂形藏敵疑，則分離其衆以備我也。

故知戰之地，知戰之日，則可千里而會戰。

曹公曰：以度量知空虛會戰之日。

不知戰地，不知戰日，則左不能救右，右不能救左，前不能救後，後不能救前，而況遠者數十里，近者數里乎？以吾度之，越人之兵雖多，亦奚益於勝敗哉！

曹公曰：越人相聚，紛然無知也。或曰，吳越讎國也。

故曰：勝可爲也。敵雖衆，可使無鬭。故策之而知得失之計，作之而知動靜之理，形之而知死生之地，角之而知有餘不足之處。

曹公曰：角，量也。

故形兵之極，至於無形，無形則深間不能窺，知者不能謀。因形而錯勝於衆，衆不能知；

曹公曰：因敵形而立勝。御覽「敵形」作「地形」，按下文云，「兵因敵而制勝」，作「地」者非。

人皆知我所以勝之形，而莫知吾所以制勝之形；

曹公曰：不以一形之勝萬形。或曰，不備知也。制勝者，人皆知吾所以勝，莫知吾因敵形制勝也。

故其戰勝不復，而應形於無窮。

曹公曰：不重復動而應之也。

夫兵形象水，水之行，趨高而避下；兵之形，避實而擊虛。水因地而制流，兵因敵而制勝。故兵無常勢，水無常形，能因敵變化而取勝者，謂之神。

曹公曰：勢盛必衰，形露必敗，故能因敵變化，取勝若神。

故五行無常勝，四時無常位，日有短長，月有死生。

曹公曰：兵無常勢，盈縮隨敵。

軍争篇

曹公曰：兩軍争勝。

孫子曰：凡用兵之法，將受命於君，合軍聚衆，曹公曰：聚國人，結行伍，選部曲，起營爲軍陳。

交和而舍，

曹公曰：軍門爲和門，左右門爲旗門，御覽「旗」作「期」。以車爲營曰轅門，以人爲營曰人門，兩軍相對爲交和。

莫難於軍爭。

曹公曰：從始受命，至於交和，軍爭難也。

軍爭之難者，以迂爲直，以患爲利。

曹公曰：示以遠，速其道里，先敵至也。

故迂其途而誘之以利，後人發，先人至，此知迂直之計者也。

曹公曰：迂其途者，示之遠也；後人發，先人至者，明於度數，先知遠近之計也。

故軍爭爲利，軍爭爲危。

曹公曰：善者則以利，不善者則以危。

舉軍而爭利，則不及；

曹公曰：遲不及也。

委軍而爭利，則輜重捐。

曹公曰：置輜重，則恐捐棄也。

是故卷甲而趨，日夜不處，

曹公曰：不得休息，罷也。

倍道兼行，百里而爭利，則擒三將軍。勁者先，罷者後，其法十一而至。

曹公曰：百里而爭利，非也，三將軍皆以爲擒。

五十里而爭利，則蹷上將軍，其法半至。

曹公曰：蹷猶挫也。

三十里而爭利，則三分之二至。

曹公曰：道近至者多，故無死敗也。

是故軍無輜重則亡，無糧食則亡，無委積則亡。

曹公曰：無此三者，亡之道也。

故不知諸侯之謀者，不能豫交；

曹公曰：不知敵情謀者，不能結交也。

不知山林、險阻、沮澤之形者，不能行軍；

曹公曰：高而崇者爲山，衆樹所聚者爲林，坑塹者爲險，一高一下者爲阻，水草漸洳者爲沮，衆水所歸而不流者爲澤。不先知軍之所據及山川之形者，則不能行師也。

通典作「堆者爲險，水草坑塹者爲沮」，餘同。按此通典誤也。御覽「塹」作「坎」，與張預注同。

不用鄉導者，不能得地利。故兵以詐立，以利動，以分合爲變者也。

曹公曰：兵一分一合，以敵爲變也。

故其疾如風，

曹公曰：擊空虛也。

其徐如林，

曹公曰：不見利也。

侵掠如火，

曹公曰：疾也。

不動如山，

曹公曰：守也。

難知如陰，動如雷霆。掠鄉分衆，

曹公曰：因敵而制勝也。

廓地分利，

曹公曰：分敵利也。

懸權而動。

曹公曰：量敵而動也。

先知迂直之計者勝，此軍争之法也。軍政曰：「言不相聞，故爲鼓鐸；視不相見，故爲旌旗。」夫金鼓旌旗者，所以一民之耳目也。民既專一，則勇者不得獨進，怯者不得獨退，此用衆之法也。故夜戰多火鼓，晝戰多旌旗，所以變民之耳目也。故三軍可奪氣，

曹公曰：左氏言一鼓作氣，再而衰，三而竭。

將軍可奪心。是故朝氣鋭，晝氣惰，暮氣歸。故善用兵者，避其鋭氣，擊其惰歸，此治氣者也。以治待亂，以静待譁，此治心者也。以近待遠，以佚待勞，以飽待飢，此治力者也。無要正正之旗，勿擊堂堂之陳，此治變者也。

曹公曰：正正，齊也；堂堂，大也。

故用兵之法，高陵勿向，背丘勿逆，佯北勿從，鋭卒勿攻，餌兵勿食，歸師勿遏，圍師必闕，

曹公曰：司馬法曰：「圍其三面，闕其一面，所以示生路也。」

窮寇勿迫。此用兵之法也。

九變篇

曹公曰：變其正，得其所用九也。

孫子曰：凡用兵之法，將受命於君，合軍聚衆。圮地無舍，

曹公曰：無所依也。水毁曰圮。

衢地合交，

曹公曰：結諸侯也。

絶地無留，

曹公曰：無久止也。

圍地則謀，

曹公曰：發奇謀也。

死地則戰。

曹公曰：殊死戰也。

塗有所不由，

曹公曰：隘難之地，所不當從，不得已從之，故爲變。

軍有所不擊，

曹公曰：軍雖可擊，以地險難久，留之失前利，若得之則利薄，困窮之兵，必死戰也。

城有所不攻，

曹公曰：城小而固，糧饒，不可攻也。操所以置華、費而深入徐州，得十四縣也。

地有所不争，

曹公曰：小利之地，方争得而失之，則不争也。

君命有所不受。

曹公曰：苟便於事，不拘於君命也，通典「拘」作「狥」。故曰：不從中御。據通典補。

故將通於九變之利者，知用兵矣。將不通於九變之利者，雖知地形，不能得地之利矣。

治兵不知九變之術，雖知五利，不能得人之用矣。

曹公曰：謂下五事也。九變，一云五變。

是故智者之慮，必雜於利害。

曹公曰：在利思害，在害思利，當難行權也。

雜於利，而務可信也，

曹公曰：計敵不能依五地爲我害，所務可信也。

雜於害，而患可解也。

曹公曰：既參於利，則亦計於害，雖有患可解也。

是故屈諸侯者以害，

曹公曰：害其所惡也。

役諸侯者以業，

曹公曰：業，事也，使其煩勞，若彼入我出，彼出我入也。

趨諸侯者以利。

曹公曰：令自來也。

故用兵之法，無恃其不來，恃吾有以待也；無恃其不攻，恃吾有所不可攻也。

曹公曰：安不忘危，常設備也。

故將有五危：必死，可殺也；

曹公曰：勇而無慮，必欲死鬭，不可曲撓，可以奇伏中之。

必生，可虜也；

曹公曰：見利畏怯不進也。

忿速，可侮也；

曹公曰：疾急之人，可忿怒而侮致之也。原本作「侮而致之也」，今從御覽改正。

廉潔，可辱也；

曹公曰：廉潔之人，可汙辱致之也。

愛民，可煩也。

曹公曰：出其所必趨，愛民者，則必倍道兼行以救之，救之則煩勞也。

凡此五者，將之過也，用兵之災也。覆軍殺將，必以五危，不可不察也。

行軍篇

曹公曰：擇便利而行也。

孫子曰：凡處軍相敵，絶山依谷，

曹公曰：近水草利便也。

視生處高，

曹公曰：生者，陽也。

戰隆無登，

曹公曰：無迎高也。

此處山之軍也。絶水必遠水；

曹公曰：引敵使渡。

客絶水而來，勿迎之於水内，令半濟而擊之利；欲戰者，無附於水而迎客；

曹公曰：附，近也。

視生處高，

曹公曰：水上亦當處其高也，前向水，後當依高而處之。

無迎水流，

曹公曰：恐溉我也。

此處水上之軍也。絶斥澤，惟亟去無留；若交軍於斥澤之中，必依水草，而背衆樹，

曹公曰：自此至「上雨水沫至」節，杜佑注原本誤於「衆草多障」節下。不得已與敵會於斥澤中。

此處斥澤之軍也。平陸處易，

曹公曰：車騎之利也。

而右背高，前死後生，

曹公曰：戰便也。

此處平陸之軍也。凡此四軍之利，黄帝之所以勝四帝也。

曹公曰：黄帝始立，四方諸侯無不稱帝，御覽作「亦稱帝」，按王晳、張預同。以此四地勝之也。

凡軍喜高而惡下，貴陽而賤陰，養生而處實；

曹公曰：恃滿實也。養生向水草，可放牧養畜乘。實猶高也。

軍無百疾，是謂必勝。丘陵隄防，必處其陽，而右背之；此兵之利，地之助也。上雨，水沫至，欲涉者，待其定也。

曹公曰：恐半涉而水遽漲也。

凡地有絶澗、天井、天牢、天羅、天陷、天隙，必亟去之，勿近也。

曹公曰：山深水大者爲絶澗，四方高中央下爲天井，深山所過若蒙籠者通典作「深水大澤，葭葦蒙籠所隱蔽者」，御覽作「深水所居朦朧者」。爲天牢，可以羅絶人者爲天羅，地形陷者通典上有「陂湖泥濘」四字，御覽無。爲天陷，山澗原本「澗」下有「道」字者，衍，據通典、御覽改正。迫狹地形，深數尺長數丈者爲天隙。案通典「長數丈者」下有「丘陵坑坎，地形墝埆者，天郄也」，御覽無。

吾遠之，敵近之；吾迎之，敵背之。

曹公曰：用兵常遠六害，今敵近背之，則我利敵凶。

軍旁有險阻、蔣潢，井生葭葦，山林、蘙薈，必謹覆索之，此伏姦之所藏處也。

曹公曰：險者，一高一下之地；阻者，多水也；蔣者，水草之蘩生也；「蔣者」以下原本無，杜佑通典及御覽有之。按杜佑注，例先引曹注，後附己意，此所云，乃用曹注語也，後人妄删之。潢者，池也；井者，下也；葭葦者，御覽又引注云，「并生葭葦者」，無「井者下也」句。衆草所聚；山林者，衆木所居也；翳薈者，可屏蔽之處也。此以上論地形也，以下相敵情也。

敵近而静者，恃其險也；遠而挑戰者，欲人之進也；其所居者易利也。

曹公曰：所居利也。

衆樹動者，來也；

曹公曰：斬伐樹木，除道進來，故動。

衆草多障者，疑也。

曹公曰：結草爲障，欲使我疑也。

鳥起者，伏也；

曹公曰：鳥起其上，下有伏兵。

獸駭者，覆也。

曹公曰：敵廣陳張翼，來覆我也。

塵高而鋭者，車來也；卑而廣者，徒來也；散而條達者，樵採也；少而往來者，營軍也。

辭卑而益備者，進也；

曹公曰：其使來辭卑，使間視之，敵人增備也。

辭詭而強進驅者，退也；

曹公曰：詭，詐也。

輕車先出居其側者，陳也；

曹公曰：陳兵欲戰也。

無約而請和者，謀也；奔走而陳兵車者，期也；半進半退者，誘也。倚仗而立者，飢也；汲而先飲者，渴也；見利而不進者，勞也。

曹公曰：士卒之疲勞也。

鳥集者，虚也；夜呼者，恐也；

曹公曰：軍士夜呼，將不勇也。

軍擾者，將不重也；旌旗動者，亂也；吏怒者，倦也；粟馬肉食，軍無懸缻，不返其舍者，窮寇也。諄諄翕翕，徐言入入者，失衆也；

曹公曰：諄諄，語貌；翕翕，失志貌。

數賞者，窘也；數罰者，困也；先暴而後畏其衆者，不精之至也。

曹公曰：先輕敵，後聞其衆，則心惡之也。

來委謝者，欲休息也。兵怒而相迎，久而不合，又不相去，必謹察之。

曹公曰：備奇伏也。

兵非益多也，

曹公曰：權力均。一云，兵非貴益多。

惟無武進，

曹公曰：未見便也。

足以併力料敵取人而已。

曹公曰：廝養足也。

夫惟無慮而易敵者，必擒於人。卒未親附而罰之，則不服，不服則難用也。卒已親附而罰不行，則不可用也。

曹公曰：恩信已洽，若無刑罰，則驕情難用也。

故令之以文，齊之以武，

曹公曰：文，仁也；武，法也。

是謂必取。令素行以教其民，則民服；令不素行以教其民，則民不服。令素信著者，與衆相得也。

地形篇

曹公曰：欲戰，審地形以立勝也。

孫子曰：地形有通者，有挂者，有支者，有隘者，有險者，有遠者。曹公曰：此六者，地之形也。我可以往，彼可以來，曰通。通形者，先居高陽，利糧道，以戰則利。曹公曰：寧致人，無致於人。可以往，難以返，曰挂。挂形者，敵無備，出而勝之；敵若有備，出而不勝，難以返，不利。我出而不利，彼出而不利，曰支。支形者，敵雖利我，我無出也；引而去，令敵半出而擊之，利。隘形者，我先居之，必盈之以待敵；若敵先居之，盈而勿從，不盈而從之。曹公曰：隘形者，兩山間通谷也，敵勢不得撓我也。我先居之，必前齊隘口，陳而守之，以出奇也。敵若先居此地，齊口陳，勿從也。即半隘陳者從之，而與敵共此利也。

險形者，我先居之，必居高陽以待敵；若敵先居之，引而去之，勿從也。

曹公曰：地形險隘，尤不可致於人。

遠形者，勢均，難以挑戰，戰而不利。

曹公曰：挑戰者，延敵也。

凡此六者，地之道也，將之至任，不可不察也。故兵有走者，有弛者，有陷者，有崩者，有亂者，有北者。凡此六者，非天之災，將之過也。夫勢均以一擊十，曰走；

曹公曰：不料力。

卒强吏弱，曰弛；

曹公曰：吏不能統，故弛壞。

吏强卒弱，曰陷；

曹公曰：吏强欲進，卒弱輒陷，敗也。

大吏怒而不服，遇敵懟而自戰，將不知其能，曰崩；

曹公曰：大吏，小將也。大將怒之而不厭服，忿而赴敵，不量輕重，則必崩壞。

將弱不嚴，教道不明，吏卒無常，陳兵縱横，曰亂；

曹公曰：爲將若此，亂之道也。

將不能料敵，以少合衆，以弱擊强，兵無選鋒，曰北。

曹公曰：其勢若此，必走之兵也。

凡此六者，敗之道也，將之至任，不可不察也。夫地形者，兵之助也。料敵制勝，計險阨遠近，上將之道也。知此而用戰者必勝，不知此而用戰者必敗。故戰道必勝，主曰無戰，必戰可也。戰道不勝，主曰必戰，無戰可也。故進不求名，退不避罪，唯民是保，而利合於主，國之寶也。視卒如嬰兒，故可與之赴深谿，視卒如愛子，故可與之俱死。厚而不能使，愛而不能令，亂而不能治，譬如驕子，不可用也。

曹公曰：恩不可專用，罰不可獨任，若驕子之喜怒對目，還害而不可用也。

知吾卒之可以擊，而不知敵之不可擊，勝之半也；知敵之可擊，而不知吾卒之不可以擊，勝之半也；知敵之可擊，知吾卒之可以擊，而不知地形之不可以戰，勝之半也。

曹公曰：勝之半者，未可知也。

故知兵者，動而不迷，舉而不窮。故曰：知彼知己，勝乃不殆；知地知天，勝乃可全。

九地篇

曹公曰：欲戰之地有九。

孫子曰：用兵之法，有散地，有輕地，有争地，有交地，有衢地，有重地，有圮地，有圍地，有死地。

曹公曰：此九地之名也。

諸侯自戰其地爲散地；

曹公曰：士卒戀土，道近易散。

入人之地而不深者爲輕地；

曹公曰：士卒皆輕返也。

我得則利，彼得亦利者爲争地；

曹公曰：可以少勝衆，弱勝强。

我可以往，彼可以來者爲交地；

曹公曰：道正相交錯也。

諸侯之地三屬，

曹公曰：我與敵相當，而旁有他國也。

先至而得天下之衆者爲衢地；

曹公曰：先至得其國助也。

入人之地深，背城邑多者爲重地；

曹公曰：難返之地。

行山林、險阻、沮澤，凡難行之道者爲圮地；

曹公曰：少固也。

所由入者隘，所從歸者迂，彼寡可以擊吾之衆者爲圍地；疾戰則存，不疾戰則亡者爲死地。

曹公曰：前有高山，後有大水，進則不得，退則有礙。

是故散地則無以戰，輕地則無止，争地則無攻，

曹公曰：不當攻，當先至爲利也。

交地則無絶，

曹公曰：相及屬也。

衢地則合交，

曹公曰：結諸侯也。

重地則掠，

曹公曰：畜積糧食也。

圮地則行，

曹公曰：無稽留也。

圍地則謀，

曹公曰：發奇謀也。

死地則戰。

曹公曰：殊死戰也。

所謂古之善用兵者，能使敵人前後不相及，衆寡不相恃，貴賤不相救，上下不相扶，卒離而不集，兵合而不齊。合於利而動，不合於利而止。

曹公曰：暴之使離，亂之使不齊，動兵而戰。

敢問：敵衆整而將來，待之若何？

曹公曰：或問也。

曰：先奪其所愛，則聽矣。

曹公曰：奪其所恃之利。若先據利地，則我所欲必得也。

兵之情主速，乘人之不及，由不虞之道，攻其所不戒也。

曹公曰：孫子應難以覆陳兵情也。

凡爲客之道，深入則專，主人不克。掠於饒野，三軍足食，謹養而勿勞，併氣積力，運兵計謀，爲不可測。

曹公曰：養士併氣運兵，爲不可測度之計。

投之無所往，死且不北，死焉不得，

曹公曰：士死安不得也。

士人盡力。

曹公曰：在難地心并也。

兵士甚陷則不懼，無所往則固，深入則拘，

曹公曰：拘，縛也。

不得已則鬬。

曹公曰：人窮則死戰也。

是故其兵不修而戒，不求而得，不約而親，不令而信，

曹公曰：不求索其意，自得力也。

禁祥去疑，至死無所之。

曹公曰：禁妖祥之言，去疑惑之計。

吾士無餘財，非惡貨也；無餘命，非惡壽也。

曹公曰：皆燒焚財物，非惡貨之多也，棄財致死者，不得已也。

令發之日，士卒坐者涕霑襟，偃卧者涕交頤。

曹公曰：皆持必死之計。

投之無所往者，諸、劌之勇也。故善用兵，譬如率然；率然者，常山之蛇也。擊其首則尾至，擊其尾則首至，擊其中則首尾俱至。敢問：兵可使如率然乎？曰：可。夫吴人與越人相惡也，當其同舟而濟，遇風，其相救也如左右手。是故方馬埋輪，未足恃也；

曹公曰：方，縛馬也；埋輪，示不動也。此言專難不如權巧，故曰：設方馬埋輪，不足恃也。

齊勇若一，政之道也；剛柔皆得，地之理也。

曹公曰：强弱一勢也。

故善用兵者，攜手若使一人，不得已也。

曹公曰：齊一貌也。

將軍之事，静以幽，正以治。

曹公曰：謂清浄幽深平正。

能愚士卒之耳目，使之無知。

曹公曰：愚，誤也。民可與樂成，不可與慮始。

易其事，革其謀，使人無識；易其居，迂其途，使人不得慮。帥與之期，如登高而去其梯；帥與之深入諸侯之地，而發其機。焚舟破釜，若驅羣羊而往，驅而來，莫知所之。

曹公曰：一其心也。

聚三軍之衆，投之於險，此謂將軍之事也。

曹公曰：險，難也。

九地之變，屈伸之利，人情之理，不可不察也。

曹公曰：人情見利而進，見害而退。

凡爲客之道，深則專，淺則散。去國越境而師者，絶地也；四達者，衢地也；入深者，重地也；入淺者，輕地也；背固前隘者，圍地也；無所往者，死地也。是故散地，吾將一其志；輕地，吾將使之屬；

曹公曰：使相及屬。

争地，吾將趨其後；

曹公曰：利地在前，當速進其後也。

交地，吾將謹其守；衢地，吾將固其結；重地，吾將繼其食；

圮地，吾將進其塗；

曹公曰：疾過去也。

圍地，吾將塞其闕；

曹公曰：以一士心也。

死地，吾將示之以不活。

曹公曰：勵士也。

故兵之情，圍則禦，

曹公曰：相持禦也。

不得已則鬭，

曹公曰：勢有不得已也。

過則從。

曹公曰：陷之甚過，則從計也。

是故不知諸侯之謀者，不能預交；不知山林、險阻、沮澤之形者，不能行軍；不用鄉導者，不能得地利。

曹公曰：上已陳此三事，而復云者，力惡不能用兵，故復言之。

四五者不知一，非霸王之兵也。

曹公曰：謂九地之利害。或曰：上四五事也。

夫霸王之兵，伐大國，則其衆不得聚；威加於敵，則其交不得合。是故不争天下之交，不養天下之權，信己之私，威加於敵，故其城可拔，其國可隳。

曹公曰：霸王者，不結成天下諸侯之交權者也，絶天下之交，奪天下之權，以威德伸己之私。

施無法之賞，懸無政之令，

曹公曰：言軍法令不應預施懸也。司馬法曰：「見敵作誓，瞻功作賞。」此之謂也。

此注原本脱，今據通典補正。

犯三軍之衆，若使一人。

曹公曰：犯，用也。言明賞罰，雖用衆，若使一人也。

犯之以事，勿告以言；犯之以利，勿告以害。

曹公曰：勿使知害。

投之亡地然後存，陷之死地然後生。

曹公曰：必殊死戰，在亡地無敗者。孫臏曰：「兵恐不投之死地也。」

夫衆陷於害，然後能爲勝敗。故爲兵之事，在於順詳敵之意，曹公曰：佯，愚也。或曰：彼欲進，設伏而退；欲去，開而擊之。

并敵一向，千里殺將，

曹公曰：并兵向敵，雖千里能擒其將也。

此謂巧能成事者也。

曹公曰：是成事巧者也。一作是謂巧攻成事。

是故政舉之日，夷關折符，無通其使，

曹公曰：謀定則閉關折符，無得有所沮議，恐惑衆士心也。

勵於廊廟之上，以誅其事。

曹公曰：誅，治也。

敵人開闔，必亟入之。

曹公曰：敵有間隙，當急入之也。

先其所愛，

曹公曰：據利便也。

微與之期。

曹公曰：後人發，先人至。

踐墨隨敵，以決戰事。

曹公曰：行踐規矩無常也。

是故始如處女，敵人開户，後如脱兔，敵不及拒。

曹公曰：處女示弱，脱兔往疾也。

火攻篇

曹公曰：以火攻人，當擇時日也。

孫子曰：凡火攻有五：一曰火人，二曰火積，三曰火輜，四曰火庫，五曰火隊。行火必有因，

曹公曰：因姦人。

煙火必素具。

曹公曰：煙火，燒具也。

發火有時，起火有日。時者，天之燥也；

曹公曰：燥者，旱也。

日者，宿在箕、壁、翼、軫也；凡此四宿者，風起之日也。凡火攻，必因五火之變而應之。

火發於内，則早應之於外。

曹公曰：以兵應之也。

火發而其兵静者，待而勿攻。極其火力，可從而從之，不可從而止。

曹公曰：見可而進，知難而退。

火可發於外，無待於内，以時發之。火發上風，無攻下風。

曹公曰：不便也。

晝風久，夜風止。

曹公曰：數當然也。

凡軍必知有五火之變，以數守之。故以火佐攻者明，以水佐攻者强。水可以絶，不可以奪。

曹公曰：火佐者，取勝明也；水佐者，但可以絶敵道，分敵軍，不可以奪敵蓄積。

夫戰勝攻取而不修其功者凶，命曰費留。

曹公曰：若水之留，不復還也。或曰：賞不以時，但費留也，賞善不踰日也。

故曰，明主慮之，良將修之。非利不動，非得不用，非危不戰。

曹公曰：不得已而用兵。

主不可以怒而興師，將不可以愠而致戰；合於利而動，不合於利而止；

曹公曰：不得以己之喜怒而用兵也。

怒可以復喜，愠可以復悦，亡國不可以復存，死者不可以復生。故明君慎之，良將警之，此安國全軍之道也。

用間篇

曹公曰：戰者必用間諜，以知敵之情實也。

孫子曰：凡興師十萬，出兵千里，百姓之費，公家之奉，日費千金，内外騷動，怠於道路，不得操事者七十萬家。

曹公曰：古者八家爲鄰，一家從軍，七家奉之，言十萬之師舉，不事耕稼者七十萬家。

相守數年，以爭一日之勝，而愛爵禄百金，不知敵之情者，不仁之至也，非人之將也，非主之佐也，非勝之主也。故明君賢將，所以動而勝人，成功出於衆者，先知也。先知者不可取於鬼神，不可象於事，

曹公曰：不可以禱祀而求，亦不可以事類而求也。

不可驗於度，

曹公曰：不可以事數度也。

必取於人，知敵之情者也。

曹公曰：因人也。

故用間有五：有因間，有内間，有反間，有死間，有生間。五間俱起，莫知其道，是爲神紀，人君之寶也。

曹公曰：同時任用五間也。

因間者，因其鄉人而用之。内間者，因其官人而用之。反間者，因其敵間而用之。死間者，爲誑事於外，令吾間知之，而傳於敵。生間者，反報也。故三軍之親，莫親於間，賞莫厚於間，事莫密於間。非聖智不能用間，非仁義不能使間，非微妙不能得間之實。微

哉，微哉，無所不用間也！間事未發而先聞者，間與所告者皆死。凡軍之所欲擊，城之所欲攻，人之所欲殺，必先知其守將、左右、謁者、門者、舍人之姓名，令吾間必索知之。必索敵人之間來間我者，因而利之，導而舍之，故反間可得而用也。

曹公曰：舍，居止也。

因是而知之，故鄉間、内間可得而使也；因是而知之，故死間爲誑事，可使告敵；因是而知之，故生間可使如期。五間之事，主必知之，知之必在於反間，故反間不可不厚也。

昔殷之興也，伊摯在夏；

曹公曰：伊摯，伊尹也。

周之興也，吕牙在殷。

曹公曰：吕牙，太公也。

故惟明君賢將能以上智爲間者，必成大功，此兵之要，三軍之所恃而動也。

附録

武帝紀 三國魏志卷一

晉 陳 壽撰
宋 裴松之註

太祖武皇帝，沛國譙人也，姓曹，諱操，字孟德，漢相國參之後。㈠桓帝世，曹騰爲中常侍大長秋，封費亭侯。㈡養子嵩嗣，官至太尉，莫能審其生出本末。㈢嵩生太祖。

㈠〔曹瞞傳曰〕：太祖一名吉利，小字阿瞞。王沈魏書曰：其先出於黄帝。當高陽世，陸終之子曰安，是爲曹姓。周武王克殷，存先世之後，封曹俠於邾。春秋之世，與於盟會，逮至戰國，爲楚所滅。子孫分流，或家於沛。漢高祖之起，曹參以功封平陽侯，世襲爵土，絶而復紹，至今適嗣國於容城。

㈡司馬彪續漢書曰：騰父節，字元偉，素以仁厚稱。鄰人有亡豕者，與節豕相類，詣門認之，節不與争；後所亡豕自還其家，豕主人大慙，送所認豕，并辭謝節，節笑而受之。由是鄉黨貴歎焉。長子伯興，次子仲興，次子叔興。騰字季興，少除黄門從官。永寧元年，鄧太后詔黄門令選中黄門從官年少温謹者配皇太子書，騰應其選。太子特親愛騰，飲食賞賜與衆有異。順帝即位，爲小黄門，遷至中常侍大長秋。在省闥三十餘年，歷事四帝，未嘗有過。好進達賢能，終無所毁傷。其所稱薦，若陳留虞放、邊韶、南陽延固、張温、弘農張奂、潁川堂谿典等，皆致位公卿，而不伐其善。蜀郡太守因計吏修敬於騰，益州刺史种暠於函谷關搜得其牋，上太守，并奏騰内臣外交，所不當爲，請免官治罪。帝曰：「牋自外來，騰書不出，非其罪也。」乃寢暠奏，騰不以介意，常稱歎暠，以爲暠得事上之節。暠後爲司徒，語人曰：「今日爲公，乃曹常侍恩也。」騰之行事，皆此類也。桓帝即位，以騰先帝舊臣，忠孝彰著，封費亭侯，加位特進。太和三年，追尊騰曰高皇帝。

㊂續漢書曰：嵩字巨高。質性敦慎，所在忠孝。爲司隸校尉，靈帝擢拜大司農、大鴻臚，代崔烈爲太尉。黄初元年，追尊嵩曰太皇帝。

吴人作曹瞞傳及郭頒世語並云：嵩，夏侯氏之子，夏侯惇之叔父。太祖於惇爲從父兄弟。

太祖少機警，有權數，而任俠放蕩，不治行業，故世人未之奇也，㊀惟梁國橋玄、南陽何顒異焉。玄謂太祖曰：「天下將亂，非命世之才不能濟也。能安之者，其在君乎！」㊁年二十，舉孝廉爲郎，除洛陽北部尉，遷頓丘令，㊂徵拜議郎。㊃

㊀曹瞞傳云：太祖少好飛鷹走狗，游蕩無度，其叔父數言之於嵩。太祖患之，後逢叔父於路，乃陽敗面喎口；叔父恠而問其故，太祖曰：「卒中惡風。」叔父以告嵩。嵩驚愕，呼太祖，太祖

口貌如故。嵩問曰：「叔父言汝中風，已差乎？」太祖曰：「初不中風，但失愛於叔父，故見罔耳。」嵩乃疑焉。自後叔父有所告，嵩終不復信，太祖於是益得肆意矣。

㈡魏書曰：太尉橋玄，世名知人，覩太祖而異之，曰：「吾見天下名士多矣，未有若君者也！君善自持。吾老矣！願以妻子爲託。」由是聲名益重。

續漢書曰：玄字公祖，嚴明有才略，長于人物。

張璠漢紀曰：玄歷位中外，以剛斷稱，謙儉下士，不以王爵私親。光和中爲太尉，以久病策罷，拜太中大夫，卒，家貧乏產業，柩無所殯。當世以此稱爲名臣。

世語曰：玄謂太祖曰：「君未有名，可交許子將。」太祖乃造子將，子將納焉，由是知名。

孫盛異同雜語云：太祖嘗私入中常侍張讓室，讓覺之；乃舞手戟於庭，踰垣而出。才武絕人，莫之能害。博覽羣書，特好兵法，抄集諸家兵法，名曰接要，又注孫武十三篇，皆傳於世。嘗問許子將：「我何如人？」子將不答。固問之，子將曰：「子治世之能臣，亂世之姦雄。」太祖大笑。

㈢曹瞞傳曰：太祖初入尉廨，繕治四門。造五色棒，縣門左右各十餘枚，有犯禁者，不避豪彊，皆棒殺之。後數月，靈帝愛幸小黃門蹇碩叔父夜行，即殺之。京師斂迹，莫敢犯者。近習寵臣咸疾之，然不能傷，於是共稱薦之，故遷爲頓丘令。

㈣魏書曰：太祖從妹夫濦彊侯宋奇被誅，從坐免官。後以能明古學，復徵拜議郎。先是大將軍竇武、太傅陳蕃謀誅閹官，反爲所害。太祖上書陳武等正直而見陷害，姦邪盈朝，善人壅塞，其言甚切，靈帝不能用。是後詔書敕三府：舉奏州縣政理無效，民爲作謡言者免罷之。三公傾邪，皆希世見用，貨賂並行，彊者爲怨，不見舉奏，弱者守道，多被陷毁。太祖疾之。是歲以災異博問得失，因此復上書切諫，説三公所舉奏專回避貴戚之意。奏上，天子感悟，以示三府責讓之，諸以謡言徵者皆拜議郎。是後政教日亂，豪猾益熾，多所摧毁；太祖知不可匡正，遂不復獻言。

光和末，黄巾起。拜騎都尉，討潁川賊。遷爲濟南相，國有十餘縣，長吏多阿附貴戚，贓污狼藉，於是奏免其八，禁斷淫祀；姦宄逃竄，郡界肅然。㈠久之，徵還爲東郡太守；不就，稱疾歸鄉里。㈡

㈠魏書曰：長吏受取貪饕，依倚貴勢，歷前相不見舉；聞太祖至，咸皆舉免，小大震怖，姦宄遁逃，竄入他郡。政教大行，一郡清平。初，城陽景王劉章以有功於漢，故其國爲立祠，青州諸郡轉相倣效，濟南尤盛，至六百餘祠。賈人或假二千石輿服導從作倡樂，奢侈日甚，民坐貧窮，歷世長吏無敢禁絶者。太祖到，皆毁壞祠屋，止絶官吏民不得祠祀。及至秉政，遂除姦邪鬼神之事，世之淫祀由此遂絶。

㈡魏書曰：於是權臣專朝，貴戚横恣。太祖不能違道取容，數數干忤，恐爲家禍，遂乞留宿衛。拜議郎，常託疾病，輒告歸鄉里；築室城外，春夏習讀書傳，秋冬弋獵，以自娱樂。

頃之，冀州刺史王芬、南陽許攸、沛國周旌等連結豪傑，謀廢靈帝，立合肥侯，以告太祖。太祖拒之，芬等遂敗。㈠

㈠司馬彪九州春秋曰：於是陳蕃子逸與術士平原襄楷會于芬坐，楷曰：「天文不利宦者，黄門、常侍〔真〕（貴）族滅矣。」逸喜。芬曰：「若然者，芬願驅除。」於是與攸等結謀。靈帝欲北巡河間舊宅，芬等謀因此作難，上書言黑山賊攻劫郡縣，求得起兵。會北方有赤氣，東西竟天，太史上言「當有陰謀，不宜北行」，帝乃止。敕芬罷兵，俄而徵之。芬懼，自殺。

魏書載太祖拒芬辭曰：夫廢立之事，天下之至不祥也。古人有權成敗、計輕重而行之者，伊尹、霍光是也。伊尹懷至忠之誠，據宰臣之勢，處官司之上，故進退廢置，計從事立。及至霍光受託國之任，藉宗臣之位，内因太后秉政之重，外有羣卿同欲之勢，昌邑即位日淺，未有貴寵，朝乏讜臣，議出密近，故計行如轉圜，事成如摧朽。今諸君徒見曩者之易，未覩當今之難。諸君自度，結衆連黨，何若七國？合肥之貴，孰若吴、楚？而造作非常，欲望必克，不亦危乎！

金城邊章、韓遂殺刺史郡守以叛，衆十餘萬，天下騷動。徵太祖爲典軍校尉。會靈帝崩，太子即位，太后臨朝。大將軍何進與袁紹謀誅宦官，太后不聽。進乃召董卓，欲以脅太后，㊀卓未至而進見殺。卓到，廢帝爲弘農王而立獻帝，京都大亂。卓表太祖爲驍騎校尉，欲與計事。太祖乃變易姓名，間行東歸。㊁出關，過中牟，爲亭長所疑，執詣縣，邑中或竊識之，爲請得解。㊂卓遂殺太后及弘農王。太祖至陳留，散家財，合義兵，將以誅卓。冬十二月，始起兵於己吾。㊃是歲中平六年也。

㊀魏書曰：太祖聞而笑之曰：「閹豎之官，古今宜有，但世主不當假之權寵，使至于此。既治其罪，當誅元惡，一獄吏足矣，何必紛紛召外將乎？欲盡誅之，事必宣露，吾見其敗也。」

㊁魏書曰：太祖以卓終必覆敗，遂不就拜，逃歸鄉里。從數騎過故人成皋呂伯奢；伯奢不在，其子與賓客共劫太祖，取馬及物，太祖手刃擊殺數人。

世語曰：太祖過伯奢。伯奢出行，五子皆在，備賓主禮。太祖自以背卓命，疑其圖己，手劍夜殺八人而去。

孫盛雜記曰：太祖聞其食器聲，以爲圖己，遂夜殺之。既而悽愴曰：「寧我負人，毋人負我！」遂行。

㊂世語曰：中牟疑是亡人，見拘於縣。時掾亦已被卓書；唯功曹心知是太祖，以世方亂，不宜拘天下雄儁，因白令釋之。

㈣世語曰：陳留孝廉衛茲以家財資太祖，使起兵，衆有五千人。

初平元年春正月，後將軍袁術、冀州牧韓馥、㈠豫州刺史孔伷、㈡兗州刺史劉岱、㈢河內太守王匡、㈣勃海太守袁紹、陳留太守張邈、東郡太守橋瑁、㈤山陽太守袁遺、㈥濟北相鮑信㈦同時俱起兵，衆各數萬，推紹爲盟主。太祖行奮武將軍。

㈠英雄記曰：馥字文節，潁川人。爲御史中丞。董卓舉爲冀州牧。於時冀州民人殷盛，兵糧優足。袁紹之在勃海，馥恐其興兵，遣數部從事守之，不得動摇。東郡太守橋瑁詐作京師三公移書與州郡，陳卓罪惡，云「見逼迫，無以自救，企望義兵，解國患難」。馥得移，請諸從事問曰：「今當助袁氏邪，助董卓邪？」治中從事劉子惠曰：「今興兵爲國，何謂袁、董！」馥自知言短而有慙色。子惠復言：「兵者凶事，不可爲首；今宜往視他州，有發動者，然後和之。冀州於他州不爲弱也，他人功未有在冀州之右者也。」馥然之。馥乃作書與紹，道卓之惡，聽其舉兵。

㈡英雄記曰：伷字公緒，陳留人。

張璠漢紀載鄭泰説卓云：「孔公緒能清談高論，噓枯吹生。」

㈢岱，劉繇之兄，事見吴志。

㈣英雄記曰：匡字公節，泰山人。輕財好施，以任俠聞。辟大將軍何進府進符使。匡于徐州發彊弩五百西詣京師，會進敗，匡還州里。起家，拜河内太守。

謝承後漢書曰：匡少與蔡邕善。其年爲卓軍所敗，走還泰山，收集勁勇得數千人，欲與張邈合。匡先殺執金吾胡母班。班親屬不勝憤怒，與太祖并勢，共殺匡。

㈤英雄記曰：瑁字元偉，玄族子。先爲兖州刺史，甚有威惠。

㈥遺字伯業，紹從兄。爲長安令。河間張超嘗薦遺于太尉朱儁，稱遺「有冠世之懿，幹時之量。其忠允亮直，固天所縱；若乃包羅載籍，管綜百氏，登高能賦，覩物知名，求之今日，邈焉靡儔。」事在超集。

英雄記曰：紹後用遺爲揚州刺史，爲袁術所敗。太祖稱「長大而能勤學者，惟吾與袁伯業耳。」語在文帝典論。

㈦信事見子勛傳。

二月，卓聞兵起，乃徙天子都長安。卓留屯洛陽，遂焚宫室。是時紹屯河内，邈、岱、瑁、遺屯酸棗，術屯南陽，伷屯潁川，馥在鄴。卓兵彊，紹等莫敢先進。太祖曰：「舉義兵以誅暴亂，大衆已合，諸君何疑？向使董卓聞山東兵起，倚王室之重，據二周之險，東向以臨天下；雖以無道行之，猶足爲患。今焚燒宫室，劫遷天子，海内震動，不知所歸，此天亡之時也。一戰而天下定矣，不可失也。」遂引兵西，將據成皋。邈遣將衛兹分兵隨太祖。

到滎陽汴水，遇卓將徐榮，與戰不利，士卒死傷甚多。太祖爲流矢所中，所乘馬被創，從弟洪以馬與太祖，得夜遁去。榮見太祖所將兵少，力戰盡日，謂酸棗未易攻也，亦引兵還。

太祖到酸棗，諸軍兵十餘萬，日置酒高會，不圖進取。太祖責讓之，因爲謀曰：「諸君聽吾計，使勃海引河内之衆臨孟津，酸棗諸將守成皋，據敖倉，塞轘轅、太谷，全制其險；使袁將軍率南陽之軍軍丹、析，入武關，以震三輔：皆高壘深壁，勿與戰，益爲疑兵，示天下形勢，以順誅逆，可立定也。今兵以義動，持疑而不進，失天下之望，竊爲諸君恥之！」邈等不能用。

太祖兵少，乃與夏侯惇等詣揚州募兵，刺史陳温、丹陽太守周昕與兵四千餘人。還到龍亢，士卒多叛。㊀至銍、建平，復收兵得千餘人，進屯河内。

㊀魏書曰：兵謀叛，夜燒太祖帳，太祖手劍殺數十人，餘皆披靡，乃得出營；其不叛者五百餘人。

劉岱與橋瑁相惡，岱殺瑁，以王肱領東郡太守。

袁紹與韓馥謀立幽州牧劉虞爲帝，太祖拒之。㊀紹又嘗得一玉印，於太祖坐中舉向其肘，太祖由是笑而惡焉。㊁

㊀魏書載太祖答紹曰：「董卓之罪，暴于四海，吾等合大衆，興義兵，而遠近莫不響應，此以義動故也。今幼主微弱，制于奸臣，未有昌邑亡國之釁，而一旦改易，天下其孰安之？諸君北面，我自西向。」

㊁魏書曰：太祖大笑曰：「吾不聽汝也。」紹復使人説太祖曰：「今袁公勢盛兵彊，二子已長，天下羣英，孰踰於此？」太祖不應。由是益不直紹，圖誅滅之。

二年春，紹、馥遂立虞爲帝，虞終不敢當。

夏四月，卓還長安。

秋七月，袁紹脅韓馥取冀州。

黑山賊于毒、白繞、眭固等眭，申隨反。十餘萬衆略魏郡、東郡，王肱不能禦，太祖引兵入東郡，擊白繞于濮陽，破之。袁紹因表太祖爲東郡太守，治東武陽。

三年春，太祖軍頓丘，毒等攻東武陽。太祖乃引兵西入山，攻毒等本屯。㊀毒聞之，棄武陽還。太祖要擊眭固，又擊匈奴於夫羅於内黄，皆大破之。㊁

㊀魏書曰：諸將皆以爲當還自救。太祖曰：「孫臏救趙而攻魏，耿弇欲走西安攻臨菑，使賊聞我西而還，武陽自解也；不還，我能敗其本屯，虜不能拔武陽必矣。」遂乃行。

〔二〕魏書曰：於夫羅者，南單于子也。中平中，發匈奴兵，於夫羅率以助漢。會本國反，殺南單于，於夫羅遂將其衆留中國。因天下撓亂，與西河白波賊合，破太原、河内，抄略諸郡爲寇。

夏四月，司徒王允與吕布共殺卓。卓將李傕、郭汜等殺允攻布，布敗，東出武關。傕等擅朝政。

青州黄巾衆百萬入兖州，殺任城相鄭遂，轉入東平。劉岱欲擊之，鮑信諫曰：「今賊衆百萬，百姓皆震恐，士卒無鬭志，不可敵也。觀賊衆羣輩相隨，軍無輜重，唯以鈔略爲資。今不若畜士衆之力，先爲固守。彼欲戰不得，攻又不能，其勢必離散，後選精鋭，據其要害，擊之可破也。」岱不從，遂與戰，果爲所殺。〔一〕信乃與州吏萬潛等至東郡迎太祖，領兖州牧。遂進兵擊黄巾于壽張東，信力戰鬭死，僅而破之。〔二〕購求信喪不得，衆乃刻木如信形狀，祭而哭焉。追黄巾至濟北。乞降。冬，受降卒三十餘萬，男女百餘萬口，收其精鋭者，號爲青州兵。

〔一〕世語曰：岱既死，陳宫謂太祖曰：「州今無主，而王命斷絶，宫請説州中。明府尋往牧之，資之以收天下，此霸王之業也。」宫説别駕、治中曰：「今天下分裂而州無主，曹東郡，命世之才也，若迎以牧州，必寧生民。」鮑信等亦謂之然。

（二）魏書曰：太祖將步騎千餘人，行視戰地，卒抵賊營，戰不利，死者數百人，引還。賊尋前進。黄巾爲賊久，數乘勝，兵皆精悍。太祖舊兵少，新兵不習練，舉軍皆懼。太祖被甲嬰胄，親巡將士，明勸賞罰，衆乃復奮，承間討擊，賊稍折退。賊乃移書太祖曰：「昔在濟南，毁壞神壇，其道乃與中黄太乙同，似若知道，今更迷惑。漢行已盡，黄家當立。天之大運，非君才力所能存也。」太祖見檄書，呵罵之，數開示降路；遂設奇伏，晝夜會戰，戰輒禽獲，賊乃退走。

袁術與紹有隙，術求援於公孫瓚，瓚使劉備屯高唐，單經屯平原，陶謙屯發干以逼紹。太祖與紹會擊，皆破之。

四年春，軍鄄城。荆州牧劉表斷術糧道，術引軍入陳留，屯封丘，黑山餘賊及於夫羅等佐之。術使將劉詳屯匡亭。太祖擊詳，術救之，與戰，大破之。術退保封丘，遂圍之，未合。術走襄邑，追到太壽，决渠水灌城。走寧陵，又追之，走九江。夏，太祖還軍定陶。

下邳闕宣聚衆數千人，自稱天子；徐州牧陶謙與共舉兵，取泰山華、費，略任城。秋，太祖征陶謙，下十餘城，謙守城不敢出。

是歲，孫策受袁術使渡江，數年間遂有江東。

興平元年春，太祖自徐州還。初，太祖父嵩，去官後還譙，董卓之亂，避難瑯邪，爲陶謙所害，故太祖志在復讎東伐。㊀夏，使荀彧、程昱守鄄城，復征陶謙，拔五城，遂略地至東海。還過郯，謙將曹豹與劉備屯郯東，要太祖。太祖擊破之，遂攻拔襄賁，所過多所殘戮。㊁

㊀世語曰：嵩在泰山華縣。太祖令泰山太守應劭送家詣兗州，劭兵未至，陶謙密遣數千騎掩捕。嵩家以爲劭迎，不設備。謙兵至，殺太祖弟德于門中。嵩懼，穿後垣，先出其妾，妾肥，不能得出；嵩逃于廁，與妾俱被害，闔門皆死。劭懼，棄官赴袁紹。後太祖定冀州，劭時已死。韋曜吳書曰：太祖迎嵩，輜重百餘兩。陶謙遣都尉張闓將騎二百衛送，闓於泰山華、費間殺嵩，取財物，因奔淮南。太祖歸咎於陶謙，故伐之。

㊁孫盛曰：夫伐罪弔民，古之令軌；罪謙之由，而殘其屬部，過矣。

會張邈與陳宮叛迎呂布，郡縣皆應。荀彧、程昱保鄄城，范、東阿二縣固守，太祖乃引軍還。布到，攻鄄城不能下，西屯濮陽。太祖曰：「布一旦得一州，不能據東平，斷亢父、泰山之道，乘險要我，而乃屯濮陽，吾知其無能爲也。」遂進軍攻之。布出兵戰，先以騎犯青州兵。青州兵奔，太祖陳亂，馳突火出，墜馬，燒左手掌。司馬樓異扶太祖上馬，遂引去。㊀未至營止，諸將未與太祖相見，皆怖。太祖乃自力勞軍，令軍中促爲攻具，進復攻之，與布相守百餘日。蝗蟲起，百姓大餓，布糧食亦盡，各引去。

㊀袁暐獻帝春秋曰：太祖圍濮陽，濮陽大姓田氏爲反間，太祖得入城。燒其東門，示無反意。及戰，軍敗。布騎得太祖而不知是，問曰：「曹操何在？」太祖曰：「乘黄馬走者是也。」布騎乃釋太祖而追黄馬者。門火猶盛，太祖突火而出。

秋九月，太祖還鄄城。布到乘氏，爲其縣人李進所破，東屯山陽。於是〔袁〕紹使人説太祖，欲連和。太祖新失兖州，軍食盡，將許之。程昱止太祖，太祖從之。冬十月，太祖至東阿。

是歲穀一斛五十餘萬錢，人相食，乃罷吏兵新募者。陶謙死，劉備代之。

二年春，襲定陶。濟陰太守吴資保南城，未拔。會吕布至，又擊破之。夏，布將薛蘭、李封屯鉅野，太祖攻之，布救蘭，蘭敗，布走，遂斬蘭等。布復從東緡與陳宫將萬餘人來戰，時太祖兵少，設伏，縱奇兵擊，大破之。㊀布夜走，太祖復攻，拔定陶，分兵平諸縣。布東奔劉備，張邈從布，使其弟超將家屬保雍丘。秋八月，圍雍丘。冬十月，天子拜太祖兖州牧。十二月，雍丘潰，超自殺。夷邈三族。邈詣袁術請救，爲其衆所殺，兖州平，遂東略陳地。

㈠魏書曰：於是兵皆出取麥，在者不能千人，屯營不固。太祖乃令婦人守陴，悉兵拒之。屯西有大隄，其南樹木幽深。布疑有伏，乃相謂曰：「曹操多譎，勿入伏中。」引軍屯南十餘里。明日復來，太祖隱兵隄裏，出半兵隄外。布益進，乃令輕兵挑戰，既合，伏兵乃悉乘隄，步騎並進，大破之，獲其鼓車，追至其營而還。

是歲，長安亂，天子東遷，敗于曹陽，渡河幸安邑。

建安元年春正月，太祖軍臨武平，袁術所置陳相袁嗣降。

太祖將迎天子，諸將或疑，荀彧、程昱勸之，乃遣曹洪將兵西迎，衛將軍董承與袁術將萇奴拒險，洪不得進。

汝南、潁川黄巾何儀、劉辟、黄邵、何曼等，衆各數萬，初應袁術，又附孫堅。二月，太祖進軍討破之，斬辟、邵等，儀及其衆皆降。天子拜太祖建德將軍，夏六月，遷鎮東將軍，封費亭侯。秋七月，楊奉、韓暹以天子還洛陽，㈠奉别屯梁。太祖遂至洛陽，衛京都，暹遁走。天子假太祖節鉞，録尚書事。㈡洛陽殘破，董昭等勸太祖都許。九月，車駕出轘轅而東，以太祖爲大將軍，封武平侯。自天子西遷，朝廷日亂，至是宗廟社稷制度始立。㈢

㈠獻帝春秋曰：天子初至洛陽，幸城西故中常侍趙忠宅。使張楊繕治宮室，名殿曰揚安殿，八月，帝乃遷居。

㊁獻帝紀曰：又領司隸校尉。

㊂張璠漢紀曰：初，天子敗於曹陽，欲浮河東下。侍中太史令王立曰：「自去春太白犯鎮星于牛斗，過天津，熒惑又逆行守北河，不可犯也。」由是天子遂不北渡河，將自軹關東出。立又謂宗正劉艾曰：「前太白守天關，與熒惑會；金火交會，革命之象也。漢祚終矣，晉、魏必有興者。」立後數言于帝曰：「天命有去就，五行不常盛，代火者土也，承漢者魏也，能安天下者，曹姓也，唯委任曹氏而已。」公聞之，使人語立曰：「知公忠於朝廷，然天道深遠，幸勿多言。」

天子之東也，奉自梁欲要之，不及。冬十月，公征奉，奉南奔袁術，遂攻其梁屯，拔之。於是以袁紹爲太尉，紹恥班在公下，不肯受。公乃固辭，以大將軍讓紹。天子拜公司空，行車騎將軍。是歲用棗祗、韓浩等議，始興屯田。㊀

㊀魏書曰：自遭荒亂，率乏糧穀。諸軍並起，無終歲之計，饑則寇略，飽則棄餘，瓦解流離，無敵自破者不可勝數。袁紹之在河北，軍人仰食桑椹，袁術在江、淮，取給蒲蠃，民人相食，州里蕭條。公曰：「夫定國之術，在于彊兵足食，秦人以急農兼天下，孝武以屯田定西域，此先代之良式也。」是歲乃募民屯田許下，得穀百萬斛。於是州郡例置田官，所在積穀。征伐四方，無運糧之勞，遂兼滅羣賊，克平天下。

呂布襲劉備，取下邳。備來奔。程昱說公曰：「觀劉備有雄才而甚得衆心，終不爲人下，不如早圖之。」公曰：「方今收英雄時也，殺一人而失天下之心，不可。」張濟自關中走南陽。濟死，從子繡領其衆。

二年春正月，公到宛。張繡降，既而悔之，復反。公與戰，軍敗，爲流矢所中，長子昂、弟子安民遇害。㈠公乃引兵還舞陰，繡將騎來鈔，公擊破之。繡奔穰，與劉表合。公謂諸將曰：「吾降張繡等，失不便取其質，以至于此，吾知所以敗。諸卿觀之，自今已後不復敗矣。」遂還許。㈡

㈠魏書曰：公所乘馬名絶影，爲流矢所中，傷頰及足，并中公右臂。世語曰：昂不能騎，進馬于公，公故免，而昂遇害。

㈡世語曰：舊制，三公領兵入見，皆交戟叉頸而前。初，公將討張繡，入覲天子，時始復此制。公自此不復朝見。

袁術欲稱帝于淮南，使人告呂布。布收其使，上其書。術怒，攻布，爲布所破。秋九月，術侵陳，公東征之。術聞公自來，棄軍走，留其將橋蕤、李豐、梁綱、樂就；公到，擊破蕤等，皆斬之。術走渡淮。公還許。

公之自舞陰還也，南陽、章陵諸縣復叛爲繡，公遣曹洪擊之，不利，還屯葉，數爲繡、表所侵。冬十一月，公自南征，至宛。㊀表將鄧濟據湖陽。攻拔之，生擒濟，湖陽降。攻舞陰，下之。

㊀魏書曰：臨淯水，祠亡將士，歔欷流涕，衆皆感慟。

三年春正月，公還許，初置軍師祭酒。三月，公圍張繡于穰。夏五月，劉表遣兵救繡，以絕軍後。㊀公將引還，繡兵來〔追〕，公軍不得進，連營稍前。公與荀彧書曰：「賊來追吾，雖日行數里，吾策之，到安衆，破繡必矣。」到安衆，繡與表兵合守險，公軍前後受敵。公乃夜鑿險爲地道，悉過輜重，設奇兵。會明，賊謂公爲遁也，悉軍來追。乃縱奇兵步騎夾攻，大破之。秋七月，公還許。荀彧問公：「前以策賊必破，何也？」公曰：「虜遏吾歸師，而與吾死地戰，吾是以知勝矣。」

㊀獻帝春秋曰：袁紹叛卒詣公云：「田豐使紹早襲許，若挾天子以令諸侯，四海可指麾而定。」公乃解繡圍。

吕布復爲袁術使高順攻劉備，公遣夏侯惇救之，不利，備爲順所敗。九月，公東征布。冬十月，屠彭城，獲其相侯諧。進至下邳，布自將騎逆擊，大破之，獲其驍將成廉，追至城下。布恐，欲降。陳宫等沮其計，求救于術，勸布出戰，戰又敗，乃還固守，攻之不下。時公連戰，士卒罷，欲還，用荀攸、郭嘉計，遂決泗、沂水以灌城。月餘，布將宋憲、魏續等執陳宫，舉城降，生禽布、宫，皆殺之。太山臧霸、孫觀、吴敦、尹禮、昌豨各聚衆。布之破劉備也，霸等悉從布，布敗，獲霸等，公厚納待，遂割青、徐二州附于海以委焉，分琅邪、東海、北海爲城陽、利城、昌慮郡。

初，公爲兖州，以東平畢諶爲別駕。張邈之叛也，邈劫諶母弟妻子；公謝遣之，曰：「卿老母在彼，可去。」諶頓首無二心，公嘉之，爲之流涕。既出，遂亡歸。及布破，諶生得，衆爲諶懼，公曰：「夫人孝於其親者，豈不亦忠於君乎！吾所求也。」以爲魯相。㊀

㊀魏書曰：袁紹宿與故太尉楊彪、大長秋梁紹、少府孔融有隙，欲使公以他過誅之。公曰：「當今天下土崩瓦解，雄豪並起，輔相君長，人懷怏怏，各有自爲之心，此上下相疑之秋也，雖以無嫌待之，猶懼未信；如有所除，則誰不自危？且夫起布衣，在塵垢之間，爲庸人之所陵陷，可勝怨乎！高祖赦雍齒之讎而羣情以安，如何忘之？」紹以爲公外託公義，内實離異，深懷怨望。

臣松之以爲楊彪亦曾爲魏武所困，幾至于死，孔融竟不免于誅滅，豈所謂先行其言而後從之哉！非知之難，其在行之，信矣。

四年春二月，公還至昌邑。張楊將楊醜殺楊，眭固又殺醜，以其衆屬袁紹，屯射犬。夏四月，進軍臨河，使史涣、曹仁渡河擊之。固使楊故長史薛洪、河内太守繆尚留守，自將兵北迎紹求救，與涣、仁相遇犬城，交戰，大破之，斬固。公遂濟河，圍射犬。洪、尚率衆降，封爲列侯，還軍敖倉。以魏种爲河内太守，屬以河北事。

初，公舉种孝廉。兖州叛，公曰：「唯魏种且不棄孤也。」及聞种走，公怒曰：「种不南走越、北走胡，不置汝也！」既下射犬，生禽种，公曰：「唯其才也！」釋其縛而用之。

是時袁紹既并公孫瓚，兼四州之地，衆十餘萬，將進軍攻許。諸將以爲不可敵，公曰：「吾知紹之爲人，志大而智小，色厲而膽薄，忌克而少威，兵多而分畫不明，將驕而政令不一，土地雖廣，糧食雖豐，適足以爲吾奉也。」秋八月，公進軍黎陽，使臧霸等入青州破齊、北海、東安，留于禁屯河上。九月，公還許，分兵守官渡。冬十一月，張繡率衆降，封列侯。十二月，公軍官渡。

袁術自敗於陳，稍困，袁譚自青州遣迎之。術欲從下邳北過，公遣劉備、朱靈要之。會術病死。程昱、郭嘉聞公遣備，言於公曰：「劉備不可縱。」公悔，追之不及。備之未東也，陰與董承等謀反，至下邳，遂殺徐州刺史車冑，舉兵屯沛。遣劉岱、王忠擊之，不克。㊀

㊀獻帝春秋曰：備謂岱等曰：「使汝百人來，其無如我何；曹公自來，未可知耳！」

魏武故事曰：岱字公山，沛國人。以司空長史從征伐有功，封列侯。

魏略曰：王忠，扶風人。少爲亭長。三輔亂，忠飢乏噉人，隨輩南向武關。值婁子伯爲荆州遣迎北方客人；忠不欲去，因率等伍逆擊之，奪其兵，聚衆千餘人以歸公。拜忠中郎將，從征討。五官將知忠嘗噉人，因從駕出行，令俳取冢間髑髏繫著忠馬鞍，以爲歡笑。

廬江太守劉勳率衆降，封爲列侯。

五年春正月，董承等謀泄，皆伏誅。公將自東征備，諸將皆曰：「與公爭天下者，袁紹也。今紹方來而棄之東，紹乘人後，若何？」公曰：「夫劉備，人傑也，今不擊，必爲後患。㊀袁紹雖有大志，而見事遲，必不動也。」郭嘉亦勸公，遂東擊備，破之，生禽其將夏侯博；備走奔紹，獲其妻子。備將關羽屯下邳，復進攻之，羽降。昌豨叛爲備，又攻破之。公還官渡，紹卒不出。

㊀孫盛魏氏春秋云：答諸將曰：「劉備，人傑也，將生憂寡人。」

臣松之以爲史之記言，既多潤色，故前載所述有非實者矣，後之作者又生意改之，于失實也，不亦彌遠乎！凡孫盛製書，多用左氏以易舊文，如此者非一。嗟乎，後之學者將何取信哉！且魏武方以天下勵志，而用夫差分死之言，尤非其類。

二月，紹遣郭圖、淳于瓊、顏良攻東郡太守劉延于白馬，紹引兵至黎陽，將渡河。夏四月，公北救延。荀攸説公曰：「今兵少不敵，分其勢乃可。公到延津，若將渡兵向其後者，紹必西應之，然後輕兵襲白馬，掩其不備，顏良可禽也。」公從之。紹聞兵渡，即分兵西應之。公乃引軍兼行趣白馬，未至十餘里，良大驚，來逆戰。使張遼、關羽前登，擊破，斬良。遂解白馬圍，徙其民，循河而西。紹於是渡河追公軍，至延津南。公勒兵駐營南阪下，使登壘望之，曰：「可五六百騎。」有頃，復白：「騎稍多，步兵不可勝數。」公曰：「勿復白。」乃令騎解鞍放馬。是時，白馬輜重就道。諸將以爲敵騎多，不如還保營。荀攸曰：「此所以餌敵，如何去之！」紹騎將文醜與劉備將五六千騎前後至。諸將復白：「可上馬。」公曰：「未也。」有頃，騎至稍多，或分趣輜重。公曰：「可矣。」乃皆上馬。時騎不滿六百，遂縱兵擊，大破之，斬醜。良、醜皆紹名將也。再戰，悉禽，紹軍大震。公還軍官渡。紹進保陽武。關羽亡歸劉備。

八月，紹連營稍前，依沙堆爲屯，東西數十里。公亦分營與相當，合戰不利。㈠時公兵不滿萬，傷者十二三。㈡

㈠習鑿齒漢晉春秋曰：許攸説紹曰：「公無與操相攻也。急分諸軍持之，而徑從他道迎天子，則事立濟矣。」紹不從，曰：「吾要當先圍取之。」攸怒。

(二)臣松之以爲魏武初起兵，已有衆五千，自後百戰百勝，敗者十二三而已矣。但一破黃巾，受降卒三十餘萬，餘所吞并，不可悉紀；雖征戰損傷，未應如此之少也。夫結營相守，異于摧鋒決戰。本紀云：「紹衆十餘萬，屯營東西數十里。」魏太祖雖機變無方，略不世出，安有以數千之兵，而得逾時相抗者哉？以理而言，竊謂不然。紹爲屯數十里，公能分營與相當，此兵不得甚少，一也。紹若有十倍之衆，理應當悉力圍守，使出入斷絶；而公使徐晃等擊其運車，公又自出擊淳于瓊等，揚旌往還，曾無抵閡，明紹力不能制，是不得甚少，二也。諸書皆云公坑紹衆八萬，或云七萬。夫八萬人奔散，非八千人所能縛，而紹之大衆皆拱手就戮，何緣力能制之？是不得甚少，三也。將記述者欲以少見奇，非其實録也。按鍾繇傳云：「公與紹相持，繇爲司隸，送馬二千餘匹以給軍。」本紀及世語並云公時有騎六百餘匹，繇馬爲安在哉？

紹復進臨官渡，起土山地道。公亦於内作之，以相應。紹射營中，矢如雨下，行者皆蒙楯，衆大懼。時公糧少，與荀彧書，議欲還許。彧以爲「紹悉衆聚官渡，欲與公決勝敗。公以至弱當至彊，若不能制，必爲所乘，是天下之大機也。且紹，布衣之雄耳，能聚人而不能用。夫以公之神武明哲而輔以大順，何向而不濟！」公從之。

孫策聞公與紹相持，乃謀襲許，未發，爲刺客所殺。

汝南降賊劉辟等叛應紹，略許下。紹使劉備助辟，公使曹仁擊破之。備走，遂破辟屯。

袁紹運穀車數千乘至，公用荀攸計，遣徐晃、史渙邀擊，大破之，盡燒其車。公與紹相拒連月，雖比戰斬將，然衆少糧盡，士卒疲乏。公謂運者曰：「卻十五日爲汝破紹，不復勞汝矣。」冬十月，紹遣車運穀，使淳于瓊等五人將兵萬餘人送之，宿紹營北四十里。紹謀臣許攸貪財，紹不能足，來奔，因説公擊瓊等。左右疑之，荀攸、賈詡勸公。公乃留曹洪守，自將步騎五千人夜往，會明至。瓊等望見公兵少，出陳門外。公急擊之，瓊退保營，遂攻之。紹遣騎救瓊。左右或言「賊騎稍近，請分兵拒之」。公怒曰：「賊在背後，乃白！」士卒皆殊死戰，大破瓊等，皆斬之。㈠紹初聞公之擊瓊，謂長子譚曰：「就彼攻瓊等，吾攻拔其營，彼固無所歸矣！」乃使張郃、高覽攻曹洪。郃等聞瓊破，遂來降。紹衆大潰，紹及譚棄軍走，渡河。追之不及，盡收其輜重圖書珍寶，虜其衆。㈡公收紹書中，得許下及軍中人書，皆焚之。㈢

㈠曹瞞傳曰：公聞攸來，跣出迎之，撫掌笑曰：「子〔遠〕，卿（遠）來，吾事濟矣！」既入坐，謂公曰：「袁氏軍盛，何以待之？今有幾糧乎？」公曰：「尚可支一歲。」攸曰：「無是，更言之！」又曰：「可支半歲。」攸曰：「足下不欲破袁氏邪，何言之不實也！」公曰：「向言戲之耳。其實可一月，爲之奈何？」攸曰：「公孤軍獨守，外無救援而糧穀已盡，此危急之日也。今袁氏輜重有萬餘乘，在故市、烏巢，屯軍無嚴備；今以輕兵襲之，不意而至，燔其積聚，不過三日，袁氏自敗也。」

公大喜，乃選精鋭步騎，皆用袁軍旗幟，銜枚縛馬口，夜從間道出，人抱束薪，所歷道有問者，語之曰：「袁公恐曹操鈔略後軍，遣兵以益備。」聞者信以爲然，皆自若。既至，圍屯，大放火，營中驚亂。大破之，盡燔其糧穀寶貨，斬督將眭元進、騎督韓莒子、呂威璜、趙叡等首，割得將軍淳于仲簡鼻，未死，殺士卒千餘人，皆取鼻，牛馬割唇舌，以示紹軍。將士皆怛懼。時有夜得仲簡，將以詣麾下，公謂曰：「何爲如是？」仲簡曰：「勝負自天，何用爲問乎！」公意欲不殺。許攸曰：「明旦鑒于鏡，此益不忘人。」乃殺之。

(二)獻帝起居注曰：公上言「大將軍鄴侯袁紹，前與冀州牧韓馥，立故大司馬劉虞，刻作金璽，遣故任長畢瑜詣虞，爲説命録之數。又紹與臣書云：『可都鄄城，當有所立。』擅鑄金銀印，孝廉計吏，皆往詣紹。從弟濟陰太守敍與紹書云：『今海内喪敗，天意實在我家，神應有徵，當在尊兄。南兄，臣下欲使即位，南兄言，以年則北兄長，以位則北兄重。便欲送璽，會曹操斷道。』紹宗族累世受國重恩，而凶逆無道，乃至于此。輒勒兵馬，與戰官渡，乘聖朝之威，得斬紹大將淳于瓊等八人首，遂大破潰。紹與子譚輕身迸走。凡斬首七萬餘級，輜重財物巨億。」

㊂魏氏春秋曰：公云：「當紹之彊，孤猶不能自保，而況衆人乎！」

冀州諸郡多舉城邑降者。

初，桓帝時有黃星見於楚、宋之分，遼東殷馗，古逵字，見三蒼。善天文，言後五十歲，當有真人起於梁、沛之間，其鋒不可當。至是凡五十年，而公破紹，天下莫敵矣。

六年夏四月，揚兵河上，擊紹倉亭軍，破之。紹歸，復收散卒，攻定諸叛郡縣。九月，公還許。紹之未破也，使劉備略汝南，汝南賊共都等應之。遣蔡揚擊都，不利，爲都所破。公南征備。備聞公自行，走奔劉表，都等皆散。

七年春正月，公軍譙，令曰：「吾起義兵，爲天下除暴亂。舊土人民，死喪略盡，國中終日行，不見所識，使吾悽愴傷懷。其舉義兵已來，將士絕無後者，求其親戚以後之，授土田，官給耕牛，置學師以教之。爲存者立廟，使視其先人，魂而有靈，吾百年之後何恨哉！」遂至浚儀，治睢陽渠，遣使以太牢祀橋玄。㊀進軍官渡。

㊀褒賞令載公祀文曰：故太尉橋公，誕敷明德，汎愛博容。國念明訓，士思令謨。靈幽體翳，邈哉晞矣！吾以幼年逮升堂室，特以頑鄙之姿，爲大君子所納。增榮益觀，皆由獎助，猶仲尼

稱不如顔淵，李生之厚歎賈復。士死知己，懷此無忘。又承從容約誓之言：「殂逝之後，路有經由，不以斗酒隻雞過相沃酹，車過三步，腹痛勿怪。」雖臨時戲笑之言，非至親之篤好，胡肯爲此辭乎？匪謂靈忿，能詒己疾，懷舊惟顧，念之悽愴。奉命東征，屯次鄉里，北望貴土，乃心陵墓。裁致薄奠，公其尚饗！

紹自軍破後，發病歐血，夏五月死。小子尚代，譚自號車騎將軍，屯黎陽。秋九月，公征之，連戰。譚、尚數敗退，固守。

八年春三月，攻其郭，乃出戰，擊，大破之，譚、尚夜遁。夏四月，進軍鄴。五月還許，留賈信屯黎陽。

己酉，令曰：「司馬法：『將軍死綏。』㊀故趙括之母，乞不坐括。是古之將者，軍破于外，而家受罪于内也。自命將征行，但賞功而不罰罪，非國典也。其令諸將出征，敗軍者抵罪，失利者免官爵。」㊁

㊀魏書曰：綏，卻也。有前一尺，無卻一寸。

㊁魏書載庚申令曰：議者或以軍吏雖有功能，德行不足堪任郡國之選，所謂「可與適道，未可與權。」管仲曰：「使賢者食于能則上尊，鬭士食于功則卒輕于死，二者設于國則天下治。」未聞無能之人，不鬭之士，並受禄賞，而可以立功興國者也。故明君不官無功之臣，不賞不戰之

士，治平尚德行，有事賞功能。論者之言，一似管窺虎歟！

秋七月，令曰：「喪亂已來，十有五年，後生者不見仁義禮讓之風，吾甚傷之。其令郡國各脩文學，縣滿五百户置校官，選其鄉之俊造而教學之，庶幾先王之道不廢，而有以益于天下。」

八月，公征劉表，軍西平。公之去鄴而南也，譚、尚爭冀州，譚爲尚所敗，走保平原。尚攻之急，譚遣辛毗乞降請救。諸將皆疑，荀攸勸公許之。㈠公乃引軍還。冬十月，到黎陽，爲子整與譚結婚。㈡尚聞公北，乃釋平原還鄴。東平呂曠、呂翔叛尚，屯陽平，率其衆降，封爲列侯。㈢

㈠魏書曰：公云：「我攻呂布，表不爲寇，官渡之役，不救袁紹，此自守之賊也，宜爲後圖。譚、尚狡猾，當乘其亂。縱譚挾詐，不終束手，使我破尚，偏收其地，利自多矣。」乃許之。

㈡臣松之案：紹死至此，過周五月耳。譚雖出後其伯，不爲紹服三年，而於再期之内以行吉禮，悖矣。魏武或以權宜與之約言；今云結婚，未必便以此年成禮。

㈢魏書曰：譚之圍解，陰以將軍印綬假曠。曠受印送之，公曰：「我固知譚之有小計也。欲使我攻尚，得以其間略民聚衆，尚之破，可得自彊以乘我弊也。尚破我盛，何弊之乘乎？」

九年春正月，濟河，遏淇水入白溝以通糧道。二月，尚復攻譚，留蘇由、審配守鄴。公進軍到洹水，由降。既至，攻鄴，爲土山、地道。武安長尹楷屯毛城，通上黨糧道。夏四月，留曹洪攻鄴，公自將擊楷，破之而還。尚將沮鵠守邯鄲，㈠又擊拔之，易陽令韓範、涉長梁岐舉縣降，賜爵關内侯。五月，毁土山、地道，作圍壍，決漳水灌城；城中餓死者過半。秋七月，尚還救鄴，諸將皆以爲「此歸師，人自爲戰，不如避之」。公曰：「尚從大道來，當避之；若循西山來者，此成禽耳。」尚果循西山來，臨滏水爲營。㈡夜遣兵犯圍，公逆擊破走之，遂圍其營。未合，尚懼，〔遣〕故豫州刺史陰夔及陳琳乞降，公不許，爲圍益急。尚夜遁，保祁山，追擊之；其將馬延、張顗等臨陳降，衆大潰，尚走中山。盡獲其輜重，得尚印綬節鉞，使尚降人示其家，城中崩沮。八月，審配兄子榮夜開所守城東門内兵。配逆戰，敗，生禽配，斬之，鄴定。公臨祀紹墓，哭之流涕；慰勞紹妻，還其家人寶物，賜雜繒絮，廩食之。㈢

㈠沮音菹，河朔間今猶有此姓。鵠，沮授子也。

㈡曹瞞傳曰：遣候者數部前後參之，皆曰：「定從西道，已在邯鄲。」公大喜，會諸將曰：「孤已得冀州，諸君知之乎？」皆曰：「不知。」公曰：「諸君方見不久也。」

〔三〕孫盛云：昔者先王之爲誅賞也，將以懲惡勸善，永彰鑒戒。紹因世艱危，遂懷逆謀，上議神器，下干國紀。荐社汙宅，古之制也；而乃盡哀于逆臣之冢，加恩於饕餮之室，爲政之道，於斯躓矣。夫匿怨友人，前哲所恥，稅驂舊館，義無虛涕，苟道乖好絶，何哭之有！昔漢高失之于項氏，魏武遵謬于此舉，豈非百慮之一失也。

初紹與公共起兵，紹問公曰：「若事不輯，則方面何所可據？」公曰：「足下意以爲何如？」紹曰：「吾南據河，北阻燕、代，兼戎狄之衆，南向以争天下，庶可以濟乎！」公曰：「吾任天下之智力，以道御之，無所不可。」〔一〕

〔一〕傅子曰：太祖又云：「湯、武之王，豈同土哉？若以險固爲資，則不能應機而變化也。」

九月令曰：「河北罹袁氏之難，其令無出今年租賦！」重豪彊兼并之法。百姓喜悦。〔一〕

〔一〕魏書載公令曰：「有國有家者，不患寡而患不均，不患貧而患不安。」袁氏之治也，使豪彊擅恣，親戚兼并；下民貧弱，代出租賦，衒鬻家財，不足應命。審配宗族，至乃藏匿罪人，爲逋逃主；欲望百姓親附，甲兵彊盛，豈可得邪！其收田租畝四升，户出絹二匹、綿二斤而已，他不得擅興發。郡國守相明檢察之，無令彊民有所隱藏，而弱民兼賦也。

天子以公領冀州牧，公讓還兖州。

公之圍鄴也，譚略取甘陵、安平、勃海、河間。尚敗，還中山。譚攻之，尚奔故安，遂并其衆。公遣譚書，責以負約，與之絶婚，女還，然後進軍。譚懼，拔平原，走保南皮。十二月，公入平原，略定諸縣。

十年春正月，攻譚，破之，斬譚，誅其妻子，冀州平。㊀下令曰：「其與袁氏同惡者，與之更始。」令民不得復私讎，禁厚葬，皆一之于法。是月，袁熙大將焦觸、張南等叛攻熙、尚，熙、尚奔三郡烏丸。觸等舉其縣降，封爲列侯。初討譚時，民亡椎冰，㊁令不得降。頃之，亡民有詣門首者，公謂曰：「聽汝則違命，殺汝則誅首，歸深自藏，無爲吏所獲。」民垂泣而去，後竟捕得。

㊀魏書曰：公攻譚，旦及日中不決；公乃自執桴鼓，士卒咸奮，應時破陷。

㊁臣松之以爲討譚時，川渠水凍，使民椎冰以通船，民憚役而亡。

夏四月，黑山賊張燕率其衆十餘萬降，封爲列侯。故安趙犢、霍奴等殺幽州刺史、涿郡太守，三郡烏丸攻鮮于輔於獷平。㊀秋八月，公征之，斬犢等，乃渡潞河救獷平，烏丸奔走出塞。

㊀續漢書郡國志曰：獷平，縣名，屬漁陽郡。

九月令曰：「阿黨比周，先聖所疾也。聞冀州俗，父子異部，更相毁譽。昔直不疑無兄，世人謂之盜嫂；第五伯魚三娶孤女，謂之撾婦翁；王鳳擅權，谷永比之申伯；王商忠議，張匡謂之左道：此皆以白爲黑，欺天罔君者也。吾欲整齊風俗，四者不除，吾以爲羞。」冬十月，公還鄴。

初，袁紹以甥高幹領并州牧，公之拔鄴，幹降，遂以爲刺史。幹聞公討烏丸，乃以州叛，執上黨太守，舉兵守壺關口。遣樂進、李典擊之，幹還守壺關城。

十一年春正月，公征幹。幹聞之，乃留其別將守城，走入匈奴，求救於單于，單于不受。公圍壺關三月，拔之。幹遂走荆州，上洛都尉王琰捕斬之。

秋八月，公東征海賊管承，至淳于，遣樂進、李典擊破之，承走入海島。割東海之襄賁、郯、戚以益瑯邪，省昌慮郡。(一)

(一)魏書載十月乙亥令曰：夫治世御衆，建立輔弼，誡在面從，詩稱「聽用我謀，庶無大悔」，斯實君臣懇懇之求也。吾充重任，每懼失中，頻年以來，不聞嘉謀，豈吾開延不勤之咎邪？自今以後，諸掾屬治中、別駕，常以月旦各名其失，吾將覽焉。

三郡烏丸承天下亂，破幽州，略有漢民合十餘萬户，袁紹皆立其酋豪爲單于，以家人子爲己女，妻焉。遼西單于蹋頓尤彊，爲紹所厚，故尚兄弟歸之，數入塞爲害。公將征之，鑿渠，自呼沲入泒水，泒音孤。名平虜渠；又從泃河口泃音句。鑿入潞河，名泉州渠，以通海。

十二年春二月，公自淳于還鄴。丁酉令曰：「吾起義兵，誅暴亂，於今十九年，所征必克，豈吾功哉？乃賢士大夫之力也。天下雖未悉定，吾當要與賢士大夫共定之；而專饗其勞，吾何以安焉！其促定功行封。」於是大封功臣二十餘人，皆爲列侯，其餘各以次受封，及復死事之孤，輕重各有差。㈠

㈠魏書載公令曰：昔趙奢、竇嬰之爲將也，受賜千金，一朝散之，故能濟成大功，永世流聲；吾讀其文，未嘗不慕其爲人也。與諸將士大夫共從戎事，幸賴賢人不愛其謀，羣士不遺其力，是以夷險平亂，而吾得竊大賞，户邑三萬。追思竇嬰散金之義，今分所受租與諸將掾屬及故戍於陳、蔡者，庶以疇答衆勞，不擅大惠也。宜差死事之孤，以租穀及之。若年殷用足，租奉畢入，將大與衆人悉共饗之。

將北征三郡烏丸，諸將皆曰：「袁尚，亡虜耳，夷狄貪而無親，豈能爲尚用？今深入征之，劉備必説劉表以襲許，萬一爲變，事不可悔。」惟郭嘉策表必不能任備，勸公行。夏五月，至無終。秋七月，大水，傍海道不通，田疇請爲鄉導，公從之。引軍出盧龍塞，塞外道絶不通，乃塹山堙谷五百餘里，經白檀，歷平岡，涉鮮卑庭，東指柳城。未至二百里，虜乃知之。尚、熙與蹋頓、遼西單于樓班、右北平單于能臣抵之等將數萬騎逆軍。八月，登白狼山，卒與虜遇，衆甚盛。公車重在後，被甲者少，左右皆懼。公登高，望虜陳不整，乃縱兵擊之，使張遼爲先鋒，虜衆大奔，斬蹋頓及名王已下，胡、漢降者二十餘萬口。遼東單于速僕丸及遼西、北平諸豪，棄其種人，與尚、熙奔遼東，衆尚有數千騎。初，遼東太守公孫康恃遠不服。及公破烏丸，或説公遂征之，尚兄弟可禽也。公曰：「吾方使康斬送尚、熙首，不煩兵矣。」九月，公引兵自柳城還。㈠康即斬尚、熙及速僕丸等，傳其首。諸將或問：「公還而康斬送尚、熙，何也？」公曰：「彼素畏尚等，吾急之則并力，緩之則自相圖，其勢然也。」十一月至易水，代郡烏丸行單于普富盧、上郡烏丸行單于那樓將其名王來賀。

㈠曹瞞傳曰：時寒且旱，二百里無復水，軍又乏食，殺馬數千匹以爲糧，鑿地入三十餘丈乃得水。既還，科問前諫者，衆莫知其故，人人皆懼。公皆厚賞之，曰：「孤前行，乘危以徼倖，雖得之，天所佐也，故不可以爲常。諸君之諫，萬安之計，是以相賞，後勿難言之。」

十三年春正月，公還鄴，作玄武池以肄舟師。㈠漢罷三公官，置丞相、御史大夫。夏六月，以公爲丞相。㈡

㊀肄，以四反。三蒼曰：「肄，習也。」

㊁獻帝起居注曰：使太常徐璆即授印綬。御史大夫不領中丞，置長史一人。先賢行狀曰：璆字孟〔玉〕（平），廣陵人。少履清爽，立朝正色。歷任城、汝南、東海三郡，所在化行。被徵當還，爲袁術所劫。術僭號，欲授以上公之位，璆終不爲屈。術死後，璆得術璽，致之漢朝，拜衛尉太常，公爲丞相，以位讓璆焉。

秋七月，公南征劉表。八月，表卒，其子琮代，屯襄陽，劉備屯樊。九月，公到新野，琮遂降，備走夏口。公進軍江陵，下令荆州吏民，與之更始。乃論荆州服從之功，侯者十五人，以劉表大將文聘爲江夏太守，使統本兵，引用荆州名士韓嵩、鄧義等。㊀益州牧劉璋始受徵役，遣兵給軍。十二月，孫權爲備攻合肥。公自江陵征備，至巴丘，遣張憙救合肥。權聞憙至，乃走。公至赤壁，與備戰，不利。於是大疫，吏士多死者，乃引軍還。備遂有荆州、江南諸郡。㊁

㊀衛恒四體書勢序曰：上谷王次仲善隸書，始爲楷法。至靈帝好書，世多能者。而師宜官爲最，甚矜其能，每書，輒削焚其札。梁鵠乃益爲版而飲之酒，候其醉而竊其札，鵠卒以攻書至選部尚書。於是公欲爲洛陽令，鵠以爲北部尉。鵠後依劉表，及荆州平，公募求鵠，鵠懼，自縛詣門，署軍假司馬，使在秘書，以〔勒〕（勤）書自效。公嘗懸著帳中，及以釘壁玩之，謂勝宜

官。鵠字孟黄，安定人。魏宫殿題署，皆鵠書也。

皇甫謐逸士傳曰：汝南王儁，字子文，少爲范滂、許章所識，與南陽岑晊善。公之爲布衣，特愛儁；儁亦稱公有治世之具。及袁紹與弟術喪母，歸葬汝南，儁與公會之，會者三萬人。公於外密語儁曰：「天下將亂，爲亂魁者必此二人也。欲濟天下，爲百姓請命，不先誅此二子，亂今作矣。」儁曰：「如卿之言，濟天下者，舍卿復誰？」相對而笑。儁爲人外静而内明，不應州郡三府之命。公車徵，不到，避地居武陵，歸儁者一百餘家。帝之都許，復徵爲尚書，又不就。劉表見紹彊，陰與紹通。儁謂表曰：「曹公，天下之雄也，必能興霸道，繼桓、文之功者也。今乃釋近而就遠，如有一朝之急，遥望漠北之救，不亦難乎！」表不從。儁年六十四，以壽終於武陵，公聞而哀傷。及平荆州，自臨江迎喪，改葬于江陵，表爲先賢也。

㊁山陽公載記曰：公船艦爲備所燒，引軍從華容道步歸，遇泥濘，道不通，天又大風，悉使羸兵負草填之，騎乃得過。羸兵爲人馬所蹈藉，陷泥中，死者甚衆。軍既得出，公大喜，諸將問之，公曰：「劉備，吾儔也，但得計少晚；向使早放火，吾徒無類矣。」備尋亦放火而無所及。

孫盛異同評曰：按吴志，劉備先破公軍，然後權攻合肥，而此記云權先攻合肥，後有赤壁之事。二者不同，吴志爲是。

十四年春三月，軍至譙，作輕舟，治水軍。秋七月，自渦入淮，出肥水，軍合肥。辛未令曰：「自頃已來，軍數征行，或遇疫氣，吏士死亡不歸，家室怨曠，百姓流離，而仁者豈樂之哉？不得已也。其令死者家無基業不能自存者，縣官勿絶廩，長吏存恤撫循，以稱吾意。」置揚州郡縣長吏，開芍陂屯田。十二月，軍還譙。

十五年春，下令曰：「自古受命及中興之君，曷嘗不得賢人君子與之共治天下者乎！及其得賢也，曾不出閭巷，豈幸相遇哉，上之人不求之耳。今天下尚未定，此特求賢之急時也。『孟公綽爲趙、魏老則優，不可以爲滕、薛大夫。』若必廉士而後可用，則齊桓其何以霸世！今天下得無有被褐懷玉而釣於渭濱者乎？又得無盜嫂受金而未遇無知者乎？二三子其佐我明揚仄陋，唯才是舉，吾得而用之。」冬，作銅雀臺。㈠

㈠魏武故事載公十二月己亥令曰：「孤始舉孝廉，年少，自以本非巖穴知名之士，恐爲海内人之所見凡愚，欲爲一郡守，好作政教以建立名譽，使世士明知之；故在濟南，始除殘去穢，平心選舉，違迕諸常侍。以爲彊豪所忿，恐致家禍，故以病還。去官之後，年紀尚少，顧視同歲中，年有五十，未名爲老，内自圖之，從此却去二十年，待天下清，乃與同歲中始舉者等耳。故以四時歸鄉里，于譙東五十里築精舍，欲秋夏讀書，冬春射獵，求底下之地，欲以泥水自蔽，絶賓客往來之望，然不能得如意。後徵爲都尉，遷典軍校尉，意遂更欲爲國家討賊立功，欲望封侯作征西將軍，然後題墓道言『漢故征西將軍曹侯之墓』，此其志也。而遭值董卓之難，興舉義兵。是時合兵能多得耳，然常自損，不欲多之；所以然者，多兵意盛，與彊敵争，倘更爲禍始。故汴水之戰數千，後還到揚州更募，亦復不過三千人，此其本志有限也。後領兖州，破降黄巾三十萬衆。又袁術僭號于九江，下皆稱臣，名門曰建號門，衣被皆爲天子之制，兩婦預争爲皇后。志計已定，人有勸術使遂即帝位，露布天下，答言「曹公尚在，未可也」。後孤討禽其四將，獲其人衆，遂使術窮亡解沮，發病而死。及至袁紹據河北，兵勢彊盛，孤自度勢，實不敵之，但計投死爲國，以義滅身，足垂于後。幸而破紹，梟其二子。又劉表自以爲宗室，包藏奸心，乍前乍卻，以觀世事，據有當州。孤復定之，遂平天下。身爲宰相，人臣之貴已極，意望已過矣。今孤言此，若爲自大，欲人言盡，故無諱耳。設使國家無有孤，不知當幾人稱帝，幾人稱王。或者人見孤彊盛，又性不信天命之事，恐私心相評，言有不遜之志，妄相忖度，每用耿耿。齊桓、晉文所以垂稱至今日者，以其兵勢廣大，猶能奉事周室也。論語云：「三分天下有其二，以服事殷，周之德可謂至德矣。」夫能以大事小也。昔樂毅走趙，趙王欲與之圖燕，樂毅伏而垂泣，對曰：「臣事昭王，猶事大王；臣若獲戾，放在他國，没世然後已，不忍謀趙之徒隸，况燕後嗣乎！」胡亥之殺蒙恬也，恬曰：「自吾先人及至子孫，積信于秦三世矣；今臣將兵三十餘萬，其勢足以背叛，然自知必死而守義者，不敢辱先人之教以忘先王也。」孤每讀此二人書，未嘗不愴然流涕也。孤祖父以至孤身，皆當親重之任，可謂見信者矣，以及子〔桓〕

（植）兄弟，過于三世矣。孤非徒對諸君説此也，常以語妻妾，皆令深知此意。孤謂之言：「顧我萬年之後，汝曹皆當出嫁，欲令傳道我心，使他人皆知之。」孤此言皆肝鬲之要也。所以勤勤懇懇敍心腹者，見周公有金縢之書以自明，恐人不信之故。然欲孤便爾委捐所典兵衆，以還執事，歸就武平侯國，實不可也。何者？誠恐己離兵爲人所禍也，既爲子孫計，又己敗則國家傾危，是以不得慕虚名而處實禍，此所不得爲也。前朝恩封三子爲侯，固辭不受，今更欲受之，非欲復以爲榮，欲以爲外援爲萬安計。孤聞介推之避晉封，申胥之逃楚賞，未嘗不舍書而歎，有以自省也。奉國威靈，仗鉞征伐，推弱以克彊，處小而禽大，意之所圖，動無違事，心之所慮，何向不濟，遂蕩平天下，不辱主命，可謂天助漢室，非人力也。然封兼四縣，食户三萬，何德堪之！江湖未静，不可讓位；至于邑土，可得而辭。今上還陽夏、柘、苦三縣户二萬，但食武平萬户，且以分損謗議，少減孤之責也。

十六年春正月，㈠天子命公世子丕爲五官中郎將，置官屬，爲丞相副。太原商曜等以大陵叛，遣夏侯淵、徐晃圍破之。張魯據漢中，三月，遣鍾繇討之，公使淵等出河東與繇會。

㈠魏書曰：庚辰，天子報：減户五千，分所讓三縣萬五千，封三子，植爲平原侯，據爲范陽侯，豹爲饒陽侯，食邑各五千户。

是時關中諸將疑繇欲自襲，馬超遂與韓遂、楊秋、李堪、成宜等叛，遣曹仁討之。超等屯潼關，公敕諸將：「關西兵精悍，堅壁勿與戰。」秋七月，公西征，㊀與超等夾關而軍。公急持之，而潛遣徐晃、朱靈等夜渡蒲阪津，據河西爲營。公自潼關北渡，未濟，超赴船急戰。校尉丁斐因放牛馬以餌賊，賊亂，取牛馬，公乃得渡，㊁循河爲甬道而南。賊退拒渭口，公乃多設疑兵，潛以舟載兵入渭，爲浮橋，夜，分兵結營于渭南。賊夜攻營，伏兵擊破之。超等屯渭南，遣信求割河以西請和，公不許。九月，進軍渡渭。㊂超等數挑戰，又不許；固請割地，求送任子，公用賈詡計，僞許之。韓遂請與公相見，公與遂父同歲孝廉，又與遂同時儕輩，於是交馬語移時，不及軍事，但說京都舊故，拊手歡笑。既罷，超等問遂：「公何言？」遂曰：「無所言也。」超等疑之。㊃他日，公又與遂書，多所點竄，如遂改定者；超等愈疑遂。公乃與克日會戰，先以輕兵挑之，戰良久，乃縱虎騎夾擊，大破之，斬成宜、李堪等。遂、超等走涼州，楊秋奔安定，關中平。諸將或問公曰：「初，賊守潼關，渭北道缺，不從河東擊馮翊而反守潼關，引日而後北渡，何也？」公曰：「賊守潼關，若吾入河東，賊必引守諸津，則西河未可渡，吾故盛兵向潼關；賊悉衆南守，西河之備虛，故二將得擅取西河；然後引軍北渡，賊不能與吾争西河者，以有二將之軍也。連車樹柵，爲甬道而南，㊄既爲不可勝，且以示弱。渡渭爲堅壘，虜至不出，所以驕之也；故賊不爲營壘而求割地。吾順言許之，所以從其意，使自安而不爲備，因畜士卒之力，一旦擊之，所謂疾雷不及掩耳。兵之變化，固非一道也。」始，賊每一部到，公輒有喜色。賊破之後，諸將問其故。公答曰：「關中長遠，若賊各依險阻，征之，不一二年不可定也。今皆來集，其衆雖多，莫相歸服，軍無適主，一舉可滅，爲功差易，吾是以喜。」

㊀魏書曰：議者多言「關西兵彊，習長矛，非精選前鋒，則不可以當也。」公謂諸將曰：「戰在我，非在賊也。賊雖習長矛，將使不得以刺，諸君但觀之耳。」

㊁曹瞞傳曰：公將過河，前隊適渡，超等奄至，公猶坐胡牀不起。張郃等見事急，共引公入船，河水急，比渡，流四五里，超等騎追射之，矢下如雨。諸將見軍敗，不知公所在，皆惶懼，至見，乃悲喜，或流涕。公大笑曰：「今日幾爲小賊所困乎！」

㊂曹瞞傳曰：時公軍每渡渭，輒爲超騎所衝突，營不得立，地又多沙，不可築壘。婁子伯說公曰：「今天寒，可起沙爲城，以水灌之，可一夜而成。」公從之，乃多作縑囊以運水，夜渡兵作城，比明，城立，由是公軍盡得渡渭。臣松之按魏書：公軍八月至潼關，閏月北渡河，則其年閏八月也，或疑于時九月，水未應凍。至此容可大寒邪！

㈣魏書曰：公後日復與遂等會語，諸將曰：「公與虜交語，不宜輕脱，可爲木行馬以爲防遏。」公然之，賊將見公，悉於馬上拜，秦、胡觀者，前後重沓，公笑謂賊曰：「汝欲觀曹公邪？亦猶人也，非有四目兩口，但多智耳！」胡前後大觀。又列鐵騎五千爲十重陳，精光耀日，賊益震懼。

㈤臣松之案：漢高祖二年，與楚戰滎陽京、索之間，築甬道屬河以取敖倉粟。應劭曰：「恐敵鈔輜重，故築垣牆如街巷也。」今魏武不築垣牆，但連車樹柵以扞兩面。

冬十月，軍自長安北征楊秋，圍安定。秋降，復其爵位，使留撫其民人。㈠十二月，自安定還，留夏侯淵屯長安。

㈠魏略曰：楊秋，黄初中遷討寇將軍，位特進，封臨涇侯，以壽終。

十七年春正月，公還鄴。天子命公贊拜不名，入朝不趨，劍履上殿，如蕭何故事。馬超餘衆梁興等屯藍田，使夏侯淵擊平之。割河内之蕩陰、朝歌、林慮，東郡之衛國、頓丘、東武陽、發干，鉅鹿之瘿陶、曲周、南和，廣平之任城，趙之襄國、邯鄲、易陽以益魏郡。

冬十月，公征孫權。

十八年春正月，進軍濡須口，攻破權江西營，獲權都督公孫陽，乃引軍還。詔書并十四州，復爲九州。夏四月，至鄴。

五月丙申，天子使御史大夫郗慮持節策命公爲魏公，㈠曰：「朕以不德，少遭愍凶，越在西土，遷於唐、衛。當此之時，若綴旒然，㈡宗廟乏祀，社稷無位；羣凶覬覦，分裂諸夏，率土之民，朕無獲焉，即我高祖之命將墜於地。朕用夙興假寐，震悼于厥心，曰『惟祖惟父，股肱先正，㈢其孰能恤朕躬？』乃誘天衷，誕育丞相，保乂我皇家，弘濟於艱難，朕實賴之。今將授君典禮，其敬聽朕命。昔者董卓初興國難，羣后釋位以謀王室，㈣君則攝進，首啓戎行，此君之忠於本朝也。後及黄巾反易天常，侵我三州，延及平民，君又翦之以寧東夏，此又君之功也。韓暹、楊奉專用威命，君則致討，克黜其難，遂遷許都，造我京畿，設官兆祀，不失舊物，天地鬼神於是獲乂，此又君之功也。袁術僭逆，肆于淮南，懾憚君靈，用丕顯謀，蘄陽之役，橋蕤授首，稜威南邁，術以隕潰，此又君之功也。迴戈東征，呂布就戮，乘轅將返，張楊殂斃，眭固伏罪，張繡稽服，此又君之功也。袁紹逆亂天常，謀危社稷，憑恃其衆，稱兵内侮。當此之時，王師寡弱，天下寒心，莫有固志；君執大節，精貫白日，奮其武怒，運其神策，致届官渡，大殲醜類，㈤俾我國家拯於危墜，此又君之功也。濟師洪河，拓定四州，袁譚、高幹，咸梟其首，海盜奔迸，黑山順軌，此又君之功也。烏丸三種，崇亂二世，袁尚因之，逼據塞北；束馬縣車，一征而滅，此又君之功也。劉表背誕，不供貢職，王師首路，威風先逝，百城八郡，交臂屈膝，此又君之功也。馬超、成宜，同惡相濟，濱據河、潼，求逞所欲；殄之渭南，獻馘萬計，遂定邊境，撫和戎狄，此又君之功也。鮮卑、丁零，重譯而至，〔箄〕（單）于、白屋，請吏率職，此又君之功也。君有定天下之功，重之以明德，班敍海内，宣美風俗，旁施勤教，恤慎刑獄，吏無苛政，民無懷慝；敦崇帝族，表繼絶世，舊德前功，罔不咸秩；雖伊尹格于皇天，周公光于四海，方之蔑如也。

㈠續漢書曰：慮字鴻豫，山陽高平人。少受業于鄭玄，建安初爲侍中。虞溥江表傳曰：獻帝嘗特見慮及少府孔融，問融曰：「鴻豫何所優長？」融曰：「可與適道，未可與權。」慮舉笏曰：「融昔宰北海，政散民流，其權安在也！」遂與融互相長短，以至不睦。公以書和解之。慮從光禄勳遷爲大夫。

㈡公羊傳曰：君若贅旒然。何休云：「贅，猶綴也，旒，旂旒也，以旒譬者，言爲下所執持東西也。」

㈢文侯之命曰：亦惟先正。鄭玄云：「先正，先臣，謂公卿大夫也。」

㈣左氏傳曰：諸侯釋位以間王政。服虔曰：「言諸侯釋其私政而佐王室。」

㊄詩曰：致天之届，于牧之野。鄭玄云：「届，極也。」

鴻範曰：鮌則殛死。

朕聞先王並建明德，胙之以土，分之以民，崇其寵章，備其禮物，所以藩衞王室，左右厥世也。其在周成，管、蔡不静，懲難念功，乃使邵康公賜齊太公履，東至于海，西至于河，南至于穆陵，北至于無棣，五侯九伯，實得征之，世祚太師，以表東海；爰及襄王，亦有楚人不供王職，又命晉文登爲侯伯，錫以二輅、虎賁、鈇鉞、秬鬯、弓矢，大啓南陽，世作盟主；故周室之不壞，繄二國是賴。今君稱丕顯德，明保朕躬，奉答天命，導揚弘烈，綏爰九域，莫不率俾，㊀功高于伊、周，而賞卑于齊、晉，朕甚恧焉。朕以眇眇之身，託於兆民之上，永思厥艱，若涉淵冰，非君攸濟，朕無任焉。

㊀盤庚曰：綏爰有衆。鄭玄曰：「爰，於也，安隱於其衆也。」

君奭曰：海隅出日，罔不率俾。率，循也。俾，使也。四海之隅，日出所照，無不循度而可使也。

今以冀州之河東、河内、魏郡、趙國、中山、常山、鉅鹿、安平、甘陵、平原凡十郡，封君爲魏公。錫君玄土，苴以白茅，爰契爾龜，用建冢社。昔在周室，畢公、毛公，入爲卿佐，周、邵師保，出爲二伯。外内之任，君實宜之，其以丞相領冀州牧如故。又加君九錫，其敬聽朕命。以君經緯禮律，爲民軌儀，使安職業，無或遷志，是用錫君大輅、戎輅各一，玄牡二駟。君勸分務本，穡人昏作，㈠粟帛滯積，大業惟興，是用錫君衮冕之服，赤舄副焉。君敦尚謙讓，俾民興行，少長有禮，上下咸和，是用錫君軒縣之樂，六佾之舞。君翼宣風化，爰發四方，遠人革面，華夏充實，是用錫君朱户以居。君研其明哲，思帝所難，官才任賢，羣善必舉，是用錫君納陛以登。君秉國之鈞，正色處中，纖毫之惡，靡不抑退，是用錫君虎賁之士三百人。君糾虔天刑，章厥有罪，㈡犯關干紀，莫不誅殛，是用錫君鈇鉞各一。君龍驤虎視，旁眺八維，掩討逆節，折衝四海，是用錫君彤弓一，彤矢百，玈弓十，玈矢千。君以温恭爲基，孝友爲德，明允篤誠，感于朕思，是用錫君秬鬯一卣，珪瓚副焉。魏國置丞相已下羣卿百寮，皆如漢初諸侯王之制。往欽哉，敬服朕命，簡恤爾衆，時亮庶功，用終爾顯德，對揚我高祖之休命。」㈢

㈠盤庚曰：墮農自安，不昏作勞。鄭玄云：「昏，勉也。」

㈡「糾虔天刑」語出國語，韋昭注曰：「糾，察也。虔，敬也。刑，法也。」

㈢後漢尚書左丞潘勖之辭也，勖字元茂，陳留中牟人。

魏書載公令曰：「夫受九錫，廣開土宇，周公其人也。漢之異姓八王者，與高祖俱起布衣，創定王業，其功至大，吾何可比之？」前後三讓。

於是中軍師（王）陵樹亭侯荀攸、前軍師東武亭侯鍾繇、左軍師涼茂、右軍師毛玠、平虜將軍華鄉侯劉勳、建武將軍清苑亭侯劉若、伏波將軍高安侯夏侯惇、揚武將軍都亭侯王忠、奮威將軍樂鄉侯劉展、建忠將軍昌鄉亭侯鮮于輔、奮武將軍安國亭侯程昱、太中大夫都鄉侯賈詡、軍師祭酒千秋亭侯董昭、都亭侯薛洪、南鄉亭侯董蒙、關内侯王粲、傅巽、祭酒王選、袁渙、王朗、張承、任藩、杜襲、中護軍國明亭侯曹洪、中領軍萬歲亭侯韓浩、行驍騎將軍安平亭侯曹仁、領護軍將軍王圖、長史萬潛、謝奐、袁霸等勸進曰：「自古三代，胙臣以土，受命中興，封秩輔佐，皆所以褒功賞德，爲國藩衛也。往者天下崩亂，羣凶豪起，顛越跋扈之險，不可忍言。明公奮身出命以徇其難，誅二袁篡盜之逆，滅黄巾賊亂之類，殄夷首逆，芟撥荒穢，沐浴霜露二十餘年，書契以來，未有若此功者。昔周公承文、武之迹，受已成之業，高枕墨筆，拱揖羣后，商奄之勤，不過二年，吕望因三分有二之形，據八百諸侯之勢，暫把旄鉞，一時指麾，然皆大啓土宇，跨州兼國。周公八子，並爲侯伯，白牡騂剛，郊祀天地，典策備物，擬則王室，榮章寵盛如此之弘也。逮至漢興，佐命之臣，張耳、吴芮，其功至薄，亦連城開地，南面稱孤。此皆明君達主行之於上，賢臣聖宰受之於下，三代令典，漢帝明制。今比勞則周、吕逸，計功則張、吴微，論制則齊、魯重，言地則長沙多；然則魏國之封，九錫之榮，況于舊賞，猶懷玉而被褐也。且列侯諸將，幸攀龍驥，得竊微勞，佩紫懷黄，蓋以百數，亦將因此傳之萬世，而明公獨辭賞于上，將使其下懷不自安，上違聖朝歡心，下失冠帶至望，忘輔弼之大業，信匹夫之細行，攸等所大懼也。」

於是公敕外爲章，但受魏郡。攸等復曰：「伏見魏國初封，聖朝發慮，稽謀羣寮，然後策命，而明公久違上指，不即大禮，今既虔奉詔命，副順衆望，又欲辭多當少，讓九受一，是猶漢朝之賞不行，而攸等之請未許也。昔齊、魯之封，奄有東海，疆域井賦，四百萬家，基隆業廣，易以立功，故能成翼戴之勳，立一匡之績。今魏國雖有十郡之名，猶減于曲阜，計其户數，不能參半，以藩衛王室，立垣樹屏，猶未足也。且聖上覽亡秦無輔之禍，懲曩日震蕩之艱，託建忠賢，廢墜是爲，願明公恭承帝命，無或拒違。」公乃受命。

魏略載公上書謝曰：臣蒙先帝厚恩，致位郎署，受性疲怠，意望畢足，非敢希望高位，庶幾顯達。會董卓作亂，義當死難，故敢奮身出命，摧鋒率衆，遂值千載之運，奉役目下。當二袁炎沸侵侮之際，陛下與臣寒心同憂，顧瞻京師，進受猛敵，常恐君臣俱陷虎口，誠不自意能全首領。賴祖宗靈祐，醜類夷滅，得使微臣竊名其間。陛下加恩，授以上相，封爵寵禄，豐大弘厚，生平之願，實不望也。口與心計，幸且待罪，保持列侯，遺付子孫，自托聖世，永無憂責。不意陛下乃發盛意，開國備錫，以貺愚臣，地比齊、魯，禮同藩王，非臣無功所宜膺據。歸情上聞，不蒙聽許，嚴詔切至，誠使臣心俯仰逼迫。伏自惟省，列在大臣，命制王室，身非己有，豈敢自私，遂其愚意，亦將黜退，令就初服。今奉疆土，備數藩翰，非敢遠期，慮有後世；至於父子，相誓終身，灰軀盡命，報塞厚恩。天威在顔，悚懼受詔。

秋七月，始建魏社稷宗廟。天子聘公三女爲貴人，少者待年於國。㈠九月，作金虎臺，鑿渠引漳水入白溝以通河。冬十月，分魏郡爲東西部，置都尉。十一月，初置尚書、侍中、六卿。㈡

㈠獻帝起居注曰：使使持節行太常大司農安陽亭侯王邑，齎璧、帛、玄纁、絹五萬匹之鄴納聘，介者五人，皆以議郎行大夫事，副介一人。

㈡魏氏春秋曰：以荀攸爲尚書令，涼茂爲僕射，毛玠、崔琰、常林、徐奕、何夔爲尚書，王粲、杜襲、衛覬、和洽爲侍中。

馬超在漢陽，復因羌、胡爲害，氐王千萬叛應超，屯興國。使夏侯淵討之。

十九年春正月，始耕籍田。南安趙衢、漢陽尹奉等討超，梟其妻子，超奔漢中。韓遂徙金城，入氐王千萬部，率羌、胡萬餘騎與夏侯淵戰，擊，大破之，遂走西平。淵與諸將攻興國，屠之，省安東、永陽郡。

安定太守毌丘興將之官，公戒之曰：「羌、胡欲與中國通，自當遣人來，慎勿遣人往。善人難得，必將教羌、胡妄有所請求，因欲以自利；不從便爲失異俗意，從之則無益事。」興至，遣校尉范陵至羌中，陵果教羌，使自請爲屬國都尉。公曰：「吾預知當爾，非聖也，但更事多耳。」㈠

㈠獻帝起居注曰：使行太常事大司農安陽亭侯王邑與宗正劉艾，皆持節，介者五人，齎束帛駟馬，及給事黄門侍郎、掖庭丞、中常侍二人，迎二貴人於魏公國。二月癸亥，又於魏公宗廟授二貴人印綬。甲子，詣魏公宫延秋門，迎貴人升車。魏遣郎中令、少府、博士、御府乘黄廄令、丞相掾屬侍送貴人。癸酉，二貴人至洧倉中，遣侍中丹將冗從虎賁前後駱驛往迎之。乙亥，二貴人入宫，御史大夫、中二千石將大夫、議郎會殿中，魏國二卿及侍中、中郎二人，與漢公卿並升殿宴。

三月，天子使魏公位在諸侯王上，改授金璽、赤紱、遠遊冠。㈠

㈠獻帝起居注曰：使左中郎將楊宣、亭侯裴茂，持節印授之。

秋七月，公征孫權。㈠

㈠九州春秋曰：參軍傅幹諫曰：「治天下之大具有二，文與武也；用武則先威，用文則先德，威德足以相濟，而後王道備矣。往者天下大亂，上下失序，明公用武攘之，十平其九。今未承王命者，吴與蜀也，吴有長江之險，蜀有崇山之阻，難以威服，易以德懷。愚以爲可且按甲寢兵，息軍養士，分土定封，論功行賞，若此則内外之心固，有功者勸，而天下知制矣。然後漸興學校，以導其善性而長其義節。公神武震于四海，若修文以濟之，則普天之下，無思不服矣。今舉十萬之衆，頓之長江之濱，若賊負固深藏，則士馬不能逞其能，奇變無所用其權，則大威有屈而敵心未能服矣。唯明公思虞舜舞干戚之義，全威養德，以道制勝。」公不從，軍遂無功。幹字彦材，北地人，終於丞相倉曹屬。有子曰玄。

初，隴西宋建自稱河首平漢王，聚衆枹罕，改元，置百官，三十餘年。遣夏侯淵自興國討之。冬十月，屠枹罕，斬建，涼州平。

公自合肥還。

十一月，漢皇后伏氏坐昔與父故屯騎校尉完書，云帝以董承被誅，怨恨公，辭甚醜惡，發聞，后廢黜死，兄弟皆伏法。㈠

㈠曹瞞傳曰：公遣華歆勒兵入宫收后。后閉户匿壁中；歆壞户發壁，牽后出。帝時與御史大夫郗慮坐，后被髪徒跣過，執帝手曰：「不能復相活邪？」帝曰：「我亦不自知命在何時也。」帝謂慮曰：「郗公，天下寧有是邪！」遂將后殺之，完及宗族死者數百人。

十二月，公至孟津。天子命公置旄頭，宫殿設鍾虡。乙未令曰：「夫有行之士，未必能進取，進取之士，未必能有行也。陳平豈篤行，蘇秦豈守信邪？而陳平定漢業，蘇秦濟弱燕。由此言之，士有偏短，庸可廢乎！有司明思此義，則士無遺滯，官無廢業矣。」又曰：「夫刑，百姓之命也，而軍中典獄者或非其人，而任以三軍死生之事，吾甚懼之。其選明達法理者，使持典刑。」於是置理曹掾屬。

二十年春正月，天子立公中女爲皇后。省雲中、定襄、五原、朔方郡，郡置一縣領其民，合以爲新興郡。

三月，公西征張魯，至陳倉，將自武都入氐，氐人塞道，先遣張郃、朱靈等攻破之。夏四月，公自陳倉以出散關，至河池。氐王竇茂衆萬餘人，恃險不服，五月，公攻屠之。西平、金城諸將麴演、蔣石等共斬送韓遂首。㈠秋七月，公至陽平。張魯使弟衛與將楊昂等據陽平關，橫山築城十餘里。攻之不能拔，乃引軍還。賊見大軍退，其守備解散。公乃密遣解慓、高祚等乘險夜襲，大破之，斬其將楊任，進攻衛，衛等夜遁，魯潰奔巴中。公軍入南鄭，盡得魯府庫珍寶。㈡巴、漢皆降。復漢寧郡爲漢中；分漢中之安陽、西城爲西城郡，置太守；分錫、上庸郡，置都尉。

㈠典略曰：遂字文約。始與同郡邊章俱著名西州，章爲督軍從事，遂奉計詣京師，何進宿聞其名，特與相見，遂説進使誅諸閹人，進不從，乃求歸。會涼州宋揚、北宫玉等反，舉章、遂爲主，章尋病卒，遂爲揚等所劫，不得已，遂阻兵爲亂，積三十二年，至是乃死，年七十餘矣。

劉艾靈帝紀曰：章，一名〔允〕（元）。

㊁魏書曰：軍自武都山行千里，升降險阻，軍人勞苦，公於是大饗，莫不忘其勞。

八月，孫權圍合肥，張遼、李典擊破之。

九月，巴七姓夷王朴胡、賨邑侯杜濩舉巴夷、賨民來附，㊀於是分巴郡，以胡爲巴東太守，濩爲巴西太守，皆封列侯。天子命公承制封拜諸侯守相。㊁

㊀孫盛曰：朴音浮。濩音户。

㊁孔衍漢魏春秋曰：天子以公典任于外，臨事之賞，或宜速疾，乃命公得承制封拜諸侯守相，詔曰：「夫軍之大事，在兹賞罰，勸善懲惡，宜不旋時，故司馬法曰『賞不逾日』者，欲民速覩爲善之利也。昔在中興，鄧禹入關，承制拜軍祭酒李文爲河東太守，來歙又承制拜高峻爲通路將軍，察其本傳，皆非先請，明臨事刻印也，斯則出世祖神明，權達損益，蓋所用速示威懷而著鴻勳也。其春秋之義，大夫出疆，有專命之事，苟所以利社稷安國家而已。況君秉任二伯，師尹九有，實征夷夏，軍行藩甸之外，失得在于斯須之間，停賞俟詔以滯世務，固非朕之所圖也。自今已後臨事所甄，當加寵號者，其便刻印章假授，咸使忠義得相奬勵，勿有疑焉。」

冬十月，始置名號侯至五大夫，與舊列侯、關内侯凡六等，以賞軍功。㊀

㊀魏書曰：置名號侯爵十八級，關中侯爵十七級，皆金印紫綬；又置關内外侯十六級，銅印龜紐墨綬；五大夫十五級，銅印環紐，亦墨綬，皆不食租，與舊列侯關内侯凡六等。

臣松之以爲今之虚封，蓋自此始。

十一月，魯自巴中將其餘衆降。封魯及五子皆爲列侯。劉備襲劉璋，取益州，遂據巴中；遣張郃擊之。

十二月，公自南鄭還，留夏侯淵屯漢中。㊀

㊀是行也，侍中王粲作五言詩以美其事曰：「從軍有苦樂，但問所從誰。所從神且武，安得久勞師？相公征關右，赫怒振天威，一舉滅獯虜，再舉服羌夷，西收邊地賊，忽若俯拾遺。陳賞越山嶽，酒肉踰川坻，軍中多饒飫，人馬皆溢肥，徒行兼乘還，空出有餘資。拓土三千里，往反速如飛，歌舞入鄴城，所願獲無違。」

二十一年春二月，公還鄴。㊀三月壬寅，公親耕籍田。㊁夏五月，天子進公爵爲魏王。㊂代郡烏丸行單于普富盧與其侯王來朝。天子命王女爲公主，食湯沐邑。秋七月，匈奴南單于呼廚泉將其名王來朝，待以客禮，遂留魏，使右賢王去卑監其國。八月，以大理鍾繇爲相國。㊃

㈠魏書曰：辛未，有司以太牢告至，策勳于廟，甲午始春祠，令曰：「議者以爲祠廟上殿當解履，吾受錫命，帶劍不解履上殿，今有事于廟而解履，是尊先公而替王命，敬父祖而簡君主，故吾不敢解履上殿也。又臨祭就洗，以手擬水而不盥，夫盥以潔爲敬，未聞擬〔而〕（向）不盥之禮，且『祭神如神在』，故吾親受水而盥也。又降神禮訖，下階就幕而立，須奏樂畢竟，似若不〔衎〕（愆）烈祖，遲祭（不）速訖也，故吾坐俟樂闋送神乃起也。受胙納〔袖〕（神），以授侍中，此爲敬恭不終實也，古者親執祭事，故吾親納于〔袖〕（神），終抱而歸也。仲尼曰『雖違衆，吾從下』，誠哉斯言也。」

㈡魏書曰：有司奏：「四時講武於農隙。漢承秦制，三時不講，唯十月都試車馬，幸長水南門，會五營士爲八陳進退，名曰乘之。今金革未偃，士民素習，自今已後，可無四時講武，但以立秋擇吉日大朝車騎，號曰治兵，上合禮名，下承漢制。」奏可。

㈢獻帝傳載詔曰：「自古帝王，雖號稱相變，爵等不同，至乎褒崇元勳，建立功德，光啓氏姓，延於子孫，庶姓之與親，豈有殊焉。昔我聖祖受命，創業肇基，造我區夏，鑒古今之制，通爵等之差，盡封山川以立藩屏，使異姓親戚，並列土地，據國而王，所以保乂天命，安固萬嗣，歷世承平，臣主無事，世祖中興而時有難易，是以曠年數百，無異姓諸侯王之位。朕以不德，繼序弘業，遭率土分崩，羣兇縱毒，自西徂東，辛苦卑約。當此之際，唯恐溺入於難，以羞先帝之盛德。賴皇天之靈，俾君秉義奮身，震迅神武，捍朕于艱難，獲保宗廟，華夏遺民，含氣之倫，莫不蒙焉。君勤過稷、禹，忠侔伊、周，而掩之以謙讓，守之以彌恭，是以往者初開魏國，錫君土宇，懼君之違命，慮君之固辭，故且懷志屈意，封君爲上公，欲以欽順高義，須俟勳績。韓遂、宋建，南結巴、蜀，羣逆合從，圖危社稷，君復命將龍驤虎奮，梟其元首，屠其窟栖，暨至西征，陽平之役，親擐甲胄，深入險阻，芟夷蝥賊，殄其兇醜，盪定西陲，懸旌萬里，聲教遠振，寧我區夏。蓋唐、虞之盛，三后樹功，文、武之興，旦、奭作輔，二祖成業，英豪佐命，夫以聖哲之君，事爲己任，猶錫土班瑞以報功臣，豈有如朕寡德，仗君以濟，而賞典不豐，將何以答神祇慰萬方哉？今進君爵爲魏王，使使持節行御史大夫宗正劉艾奉策璽玄土之社，苴以白茅，金虎符第一至第五，竹使符第一至第十。君其正王位，以丞相領冀州牧如故。其上魏公璽綬符册，敬服朕命，簡恤爾衆，克綏庶績，以揚我祖宗之休命。」

魏王上書三辭，詔三報不許。又手詔曰：「大聖以功德爲高美，以忠和爲典訓，故創業垂名，使百世可希，行道制義，使力行可效，是以勳烈無窮，休光茂著。稷、契載元首之聰明，周、邵因文、武之智用，雖經營庶官，仰歎俯思，其對豈有若君者哉？朕惟古人之功，美之如彼，思君忠勤之績，茂之如此，是以每將鏤符析瑞，陳禮命册，寤寐慨然，自忘守文之不德焉。今君重違朕命，固辭懇切，非所以稱朕心而訓後世也。其抑志撙節，勿復固辭。」

四體書勢序曰：梁鵠以公爲北部尉。

曹瞞傳曰：爲尚書右丞司馬建公所舉。及公爲王，召建公到鄴，與歡飲，謂建公曰：「孤今日可復作尉否？」建公曰：「昔舉大王時，適可作尉耳。」王大笑。建公名防，司馬宣王之父。臣松之案司馬彪序傳，建公不爲右丞，疑此不然，而王隱晉書云：趙王篡位，欲尊祖爲帝，博士馬平議稱京兆府君昔舉魏武帝爲北部尉，賊不犯界，如此則爲有徵。

㊃魏書曰：始置奉常宗正官。

冬十月，治兵，㊀遂征孫權，十一月至譙。

㊀魏書曰：王親執金鼓以令進退。

二十二年春正月，王軍居巢，二月，進軍屯江西郝谿。權在濡須口築城拒守，遂逼攻之，權退走。三月，王引軍還，留夏侯惇、曹仁、張遼等屯居巢。

夏四月，天子命王設天子旌旗，出入稱警蹕。五月，作泮宮。六月，以軍師華歆爲御史大夫。㊀冬十月，天子命王冕十有二旒，乘金根車，駕六馬，設五時副車，以五官中郎將丕爲魏太子。

㊀魏書曰：初置衛尉官。秋八月，令曰：「昔伊摯、傅說出于賤人，管仲，桓公賊也，皆用之以興。蕭何、曹參，縣吏也，韓信、陳平負汙辱之名，有見笑之恥，卒能成就王業，聲著千載。吳

起貪將，殺妻自信，散金求官，母死不歸，然在魏，秦人不敢東向，在楚則三晉不敢南謀。今天下得無有至德之人放在民間，及果勇不顧，臨敵力戰；若文俗之吏，高才異質，或堪爲將守；負汙辱之名，見笑之行，或不仁不孝而有治國用兵之術：其各舉所知，勿有所遺。」

劉備遣張飛、馬超、吴蘭等屯下辯，遣曹洪拒之。

二十三年春正月，漢太醫令吉本與少府耿紀、司直韋晃等反，攻許，燒丞相長史王必營，㈠必與潁川典農中郎將嚴匡討斬之。㈡

㈠魏武故事載令曰：領長史王必，是吾披荆棘時吏也。忠能勤事，心如鐵石，國之良吏也。蹉跌久未辟之，捨騏驥而弗乘，焉遑遑而更求哉？故教辟之，已署所宜，便以領長史統事如故。

㈡三輔決録注曰：時有京兆金禕字德禕，自以世爲漢臣，自日磾討莽何羅，忠誠顯著，名節累葉。覩漢祚將移，謂可季興，乃喟然發憤，遂與耿紀、韋晃、吉本、本子邈、邈弟穆等結謀。紀字季行，少有美名，爲丞相掾，王甚敬異之，遷侍中，守少府。邈字文然，穆字思然，以禕慷慨有日磾之風，又與王必善，因以間之，若殺必，欲挾天子以攻魏，南援劉備。時關羽彊盛，而王在鄴，留必典兵督許中事。文然等率雜人及家僮千餘人夜燒門攻必，禕遣人爲内應，射必中肩。必不知攻者爲誰，以素與禕善，走投禕，夜唤德禕，禕家不知是必，謂爲文然等，錯應曰：「王長史已死乎？卿曹事立矣！」必乃更他路奔。一曰：必欲投禕，其帳下督謂必曰：「今日事竟知誰門而投入乎？」扶必奔南城。會天明，必猶在，文然等衆散，故敗。後十餘日，必竟以創死。

獻帝春秋曰：收紀、晃等，將斬之，紀呼魏王名曰：「恨吾不自生意，竟爲羣兒所誤耳！」晃頓首搏頰，以至于死。

山陽公載記曰：王聞王必死，盛怒，召漢百官詣鄴，令救火者左，不救火者右，衆人以爲救火者必無罪，皆附左；王以爲「不救火者非助亂，救火乃實賊也」。皆殺之。

曹洪破吳蘭，斬其將任夔等。三月，張飛、馬超走漢中，陰平氐强端斬吳蘭，傳其首。

夏四月，代郡、上谷烏丸無臣氐等叛，遣鄢陵侯彰討破之。㊀

㊀魏書載王令曰：去冬天降疫癘，民有凋傷，軍興于外，墾田損少，吾甚憂之。其令吏民男女：女年七十已上無夫子，若年十二已下無父母兄弟，及目無所見，手不能作，足不能行，而無妻子父兄産業者，廩食終身。幼者至十二止。貧窮不能自贍者，隨口給貸。老耄須待養者，年九十已上，復不事家一人。

六月令曰：「古之葬者，必居瘠薄之地。其規西門豹祠西原上爲壽陵，因高爲基，不封不樹。周禮，冢人掌公墓之地，凡諸侯居左右以前，卿大夫居後，漢制亦謂之陪陵。其公卿大臣列將有功者，宜陪壽陵，其廣爲兆域，使足相容。」

秋七月，治兵，遂西征劉備，九月，至長安。

冬十月，宛守將侯音等反，執南陽太守，劫略吏民保宛。初，曹仁討關羽，屯樊城，是月使仁圍宛。

二十四年春正月，仁屠宛，斬音。㊀

㊀曹瞞傳曰：是時南陽間苦繇役，音於是執太守東里〔衮〕（袞）與吏民共反，與關羽連和。南陽功曹宗子卿往説音曰：「足下順民心，舉大事，遠近莫不望風；然執郡將，逆而無益，何不遣之。吾與子共勠力，比曹公軍來，關羽兵亦至矣。」音從之，即釋遣太守。子卿因夜踰城亡出，遂與太守收餘民圍音，會曹仁軍至，共滅之。

夏侯淵與劉備戰于陽平，爲備所殺。三月，王自長安出斜谷，軍遮要以臨漢中，遂至陽平。備因險拒守。㊀

㊀九州春秋曰：時王欲還，出令曰「雞肋」，官屬不知所謂。主簿楊脩便自嚴裝，人驚問脩：「何以知之？」脩曰：「夫雞肋，棄之如可惜，食之無所得，以比漢中，知王欲還也。」

夏五月，引軍還長安。

秋七月，以夫人卞氏爲王后。遣于禁助曹仁擊關羽。八月，漢水溢，灌禁軍，軍没，羽獲禁，遂圍仁。使徐晃救之。

九月，相國鍾繇坐西曹掾魏諷反免。㈠

㈠世語曰：諷字子京，沛人，有惑衆才，傾動鄴都，鍾繇由是辟焉。大軍未反，諷潛結徒黨，又與長樂衛尉陳禕謀襲鄴。未及期，禕懼，告之太子，誅諷，坐死者數十人。

王昶家誡曰「濟陰魏諷」，而此云沛人，未詳。

冬十月，軍還洛陽。㈠孫權遣使上書，以討關羽自効。王自洛陽南征羽，未至，晃攻羽，破之，羽走，仁圍解。王軍摩陂。㈡

㈠曹瞞傳曰：王更脩治北部尉廨，令過于舊。

㈡魏略曰：孫權上書稱臣，稱説天命。王以權書示外曰：「是兒欲踞吾著爐火上邪！」侍中陳羣、尚書桓階奏曰：「漢自安帝已來，政去公室，國統數絶，至于今者，唯有名號，尺土一民，皆非漢有，期運久已盡，曆數久已終，非適今日也。是以桓、靈之間，諸明圖緯者，皆言『漢行氣盡，黃家當興』。殿下應期，十分天下而有其九，以服事漢，羣生注望，遐邇怨歎，是故孫權在遠稱臣，此天人之應，異氣齊聲。臣愚以爲虞、夏不以謙辭，殷、周不吝誅放，畏天知命，無所與讓也。」

魏氏春秋曰：夏侯惇謂王曰：「天下咸知漢祚已盡，異代方起。自古已來，能除民害爲百姓所歸者，即民主也。今殿下即戎三十餘年，功德著于黎庶，爲天下所依歸，應天順民，復何疑哉！」王曰：「『施於有政，是亦爲政。』若天命在吾，吾爲周文王矣。」

曹瞞傳及世語並云：桓階勸王正位，夏侯惇以爲宜先滅蜀，蜀亡則吳服，二方既定，然後遵舜、禹之軌，王從之。及至王薨，惇追恨前言，發病卒。

孫盛評曰：夏侯惇恥爲漢官，求受魏印，桓階方惇，有義直之節；考其傳記，世語爲妄矣。

二十五年春正月，至洛陽。權擊斬羽，傳其首。

庚子，王崩於洛陽，年六十六。㊀遺令曰：「天下尚未安定，未得遵古也。葬畢，皆除服，其將兵屯戍者，皆不得離屯部，有司各率乃職。斂以時服，無藏金玉珍寶。」謚曰武王。

二月丁卯，葬高陵。㊁

㊀世語曰：太祖自漢中至洛陽，起建始殿，伐濯龍祠而樹血出。

曹瞞傳曰：王使工蘇越徙美梨，掘之，根傷盡出血。越白狀，王躬自視而惡之，以爲不祥，還遂寢疾。

㊁魏書曰：太祖自統御海内，芟夷羣醜，其行軍用師，大較依孫、吳之法，而因事設奇，譎敵制勝，變化如神。自作兵書十萬餘言，諸將征伐，皆以新書從事；臨事又手爲節度，從令者克捷，違教者負敗；與虜對陳，意思安閒，如不欲戰，然及至決機乘勝，氣勢盈溢，故每戰必克，

軍無幸勝。知人善察，難眩以僞，拔于禁、樂進於行陳之間，取張遼、徐晃於亡虜之內，皆佐命立功，列爲名將；其餘拔出細微，登爲牧守者，不可勝數。是以創造大業，文武並施，御軍三十餘年，手不捨書，晝則講武策，夜則思經傳，登高必賦，及造新詩，被之管絃，皆成樂章。才力絶人，手射飛鳥，躬禽猛獸，嘗于南皮一日射雉獲六十三頭。及造作宮室，繕制器械，無不爲之法則，皆盡其意。雅性節儉，不好華麗，後宮衣不錦繡，侍御履不二采，帷帳屏風，壞則補納，茵蓐取温，無有緣飾。攻城拔邑，得美麗之物，則悉以賜有功，勳勞宜賞，不吝千金，無功望施，分毫不與，四方獻御，與羣下共之。常以送終之制，襲稱之數，繁而無益，俗又過之，故預自製終亡衣服，四篋而已。

傅子曰：太祖愍嫁娶之奢僭，公女適人，皆以皁帳，從婢不過十人。

張華博物志曰：漢世，安平崔瑗、瑗子寔、弘農張芝、芝弟昶並善草書，而太祖亞之。桓譚、蔡邕善音樂，馮翊山子道、王九真、郭凱等善圍棊，太祖皆與埒能。又好養性法，亦解方藥。招引方術之士，廬江左慈、譙郡華佗、甘陵甘始、陽城郄儉無不畢至。又習啖野葛至一尺，亦得少多飲鴆酒。

傅子曰：漢末王公，多委王服，以幅巾爲雅，是以袁紹、崔〔鈞〕（豹）之徒，雖爲將帥，皆著縑巾。魏太祖以天下凶荒，資財乏匱，擬古皮弁，裁縑帛以爲帢，合于簡易隨時之義，以色別其貴賤，于今施行，可謂軍容，非國容也。

曹瞞傳曰：太祖爲人佻易無威重，好音樂，倡優在側，常以日達夕，被服輕綃，身自佩小鞶囊，以盛手巾細物，時或冠帢帽以見賓客。每與人談論，戲弄言誦，盡無所隱，及歡悦大笑，至以頭没杯案中，肴膳皆沾汙巾幘，其輕易如此。然持法峻刻，諸將有計畫勝出己者，隨以法誅之，及故人舊怨，亦皆無餘，其所刑殺，輒對之垂涕嗟痛之，終無所活。初，袁忠爲沛相，嘗欲以法治太祖，沛國桓邵亦輕之，及在兖州，陳留邊讓言議頗侵太祖，太祖殺讓，族其家，忠、邵俱避難交州，太祖遣使就太守士燮盡族之，桓邵得出首，拜謝于庭中，太祖謂曰：「跪可解死邪！」遂殺之。常出軍，行經麥中，令：「士卒無敗麥，犯者死。」騎士皆下馬，付麥以相持，於是太祖馬騰入麥中，敕主簿議罪，主簿對以春秋之義，罰不加於尊，太祖曰：「制法而自犯之，何以帥下？然孤爲軍帥，不可自殺，請自刑。」因援劍割髮以置地。又有幸姬常從晝寢，枕之卧，告之曰：「須臾覺我。」姬見太祖卧安，未即寤，及自覺，棒殺之。常討賊，廪穀不足，私謂主者曰：「如何？」主者曰：「可以小斛以足之。」太祖曰：「善。」後軍中言太祖欺衆，太祖謂主者曰：「特當借君死以厭衆，不然事不解。」乃斬之，取首題徇曰：「行小斛，盜官穀，斬之軍門。」其酷虐變詐，皆此類也。

評曰：漢末，天下大亂，雄豪並起，而袁紹虎眎四州，彊盛莫敵。太祖運籌演謀，鞭撻宇内，擥申、商之法術，該韓、白之奇策，官方授材，各因其器，矯情任算，不念舊惡，終能總御皇機，克成洪業者，惟其明略最優也；抑可謂非常之人，超世之傑矣。

曹操年表

江耦

曹操，字孟德，沛國譙縣（今安徽亳縣）人。父曹嵩爲中常侍曹騰之養子。曹騰在宫中三十餘年；漢桓帝劉志即位，曹騰以定策功封費亭侯，遷大長秋。曹嵩在漢桓帝與漢靈帝時曾任司隸校尉、大司農、大鴻臚、太尉。

一歲　漢桓帝劉志永壽元年（公元一五五）

二月，司隸、冀州饑饉。　夏，南陽大水。　秋，南匈奴左臺、且渠伯德等反漢，侵西河美稷，爲安定屬國都尉張奐擊敗，伯德等率衆降。　是歲，孫堅生。

二歲　永壽二年（一五六）

七月，鮮卑大人檀石槐將三四千騎侵雲中。　泰山、琅琊二郡公孫舉、東郭竇等起義已年餘，衆約三萬人，攻青、兖、徐三州。　是秋爲中郎將段熲所擊破，公孫舉等被殺。

三歲　永壽三年（一五七）

九真人朱達等起義，殺縣令、郡守，四月，爲九真都尉魏朗擊破。　十一月，長沙蠻起義，攻益陽。

四歲　延熹元年（一五八）

外戚權臣大將軍梁冀，自順帝末年以來專恣跋扈已十七載，是年五月復殺害太史令陳授，桓帝由是疾惡梁冀。　十二月，鮮卑入侵，爲護匈奴中郎將張奂率南匈奴擊敗。

五歲　延熹二年（一五九）

二月，鮮卑侵雁門；六月，復侵遼東。　八月，中常侍單超、左悺等宦官合謀佐桓帝殺梁冀，連及公卿、列校、刺史、二千石死者數十人，梁冀故吏、賓客免黜者三百餘人。　桓帝賞誅梁冀之功，封單超等五人爲縣侯。　十月，以單超爲車騎將軍。　自此宦官開始專政。

六歲　延熹三年（一六〇）

正月，單超死。　宦官左悺、具瑗、徐璜等日益横暴。　閏正月，西羌侵張掖，爲護羌校尉段熲擊敗。　九月，泰山、琅琊勞丙等暴動。　十一月，泰山叔孫無忌起義，攻殺都尉；十二月，爲中郎將宗資所敗。　是歲，長沙、零陵蠻起義，爲荆州刺史度尚所擊破。

七歲　延熹四年（一六一）

正月，大疫。　七月，漢朝廷以財政困難，減公卿以下百官俸，借王侯半租。　賣爵。　十月，南陽黄武、襄城惠得與昆陽樂季相率起義，軍敗，被殺。　諸羌復起，侵并、涼二州及三輔，十一月，爲中郎將皇甫規擊敗。　是歲，劉備生。

八歲　延熹五年(一六二)

三月，皇甫規復破沈氏羌，其大豪等率衆降。　四月，長沙、零陵人起義。豫章艾縣人起義，攻長沙諸縣，殺益陽令。　零陵、武陵蠻起義，十月，爲車騎將軍馮緄所敗。　是歲，荀彧生。

九歲　延熹六年(一六三)

五月，鮮卑侵遼東屬國。　七月，桂陽李研起義。　十一月，南海人起義。　時宦官專權秉勢，親族賓客遍布京都及州郡，貪殘横暴，尚書朱穆上疏建議應加限制，桓帝不聽。

十歲　延熹七年(一六四)

荆州刺史度尚擊破豫章艾縣起義軍；九月，又敗桂陽卜陽、潘鴻等起義軍。

十一歲　延熹八年(一六五)

五月，桂陽胡蘭與朱蓋等起義，攻桂陽、零陵。　爲中郎將度尚擊破，胡蘭等被殺。　六月，段熲擊敗西羌。　八月，始令郡國有田者每畝增税十錢。　十月，勃海蓋登等起義，失敗，被殺。

十二歲　延熹九年(一六六)

三月，司隸、豫州饑饉，死者十之四五，至有全家餓死者。　六月，南匈奴、烏桓、鮮卑數道入塞，侵北邊九郡。　七月，鮮卑復連結諸羌侵武威、張掖。　漢朝廷遣護匈奴中郎將張奂往擊。　黨錮事起。宦官教人上書告發司隸校尉李膺等共爲部黨，桓帝怒，下李膺獄，連及杜密、陳翔等二百餘人，皆下獄；命郡國逮捕黨人。

十三歲　永康元年（一六七）

正月，諸羌復起，爲段熲所擊破。　四月，先零羌侵三輔，攻没京兆虎牙營與扶風雍營。　六月，解黨禁，遣黨人二百餘人皆歸田里，書名三府，禁錮終身。　十月，先零羌侵三輔，張奂遣司馬董卓等擊破之，以董卓爲郎中。　十二月，桓帝劉志死。　竇皇后爲皇太后，臨朝，與竇武定議立解瀆亭侯劉宏爲皇帝。

十四歲　漢靈帝劉宏建寧元年（一六八）

正月，大將軍竇武、太傅陳蕃等迎劉宏即皇帝位，年十三。　二月，段熲與先零羌戰於安定高平，大破羌人；七月，復敗諸羌。　陳蕃、竇武謀誅宦官，猶豫未發，謀洩，九月，中常侍曹節、王甫等勒兵殺陳蕃、竇武，幽隔竇太后。　自此宦官權勢益盛。　十二月，鮮卑及濊貊侵幽、并二州。

十五歲　建寧二年（一六九）

七月，段熲復大破諸羌，招降四千人分置安定等三郡；東羌平。　李膺等雖廢錮，仍有聲譽，爲宦官所疾惡。　十月，中常侍曹節等奏李膺、杜密等爲鉤黨，遂下州郡考訊，皆死；復命州郡大舉鉤黨，黨人死者約數百人。　十一月，鮮卑侵并州。

十六歲　建寧三年（一七〇）

冬，濟南人起義，攻東平陵。

十七歲　建寧四年（一七一）

正月，大赦，唯黨人不赦。　三月，大疫。　冬，鮮卑侵并州。

十八歲　熹平元年（一七二）

六月，竇太后死。　七月，因朱雀闕發現「誹書」，宦官使司隸校尉段熲四出搜捕，捕繫人民及太學生千餘人。　十一月，會稽許昭起義，立父許生爲越王，衆約萬人。　十二月，鮮卑侵并州。

十九歲　熹平二年（一七三）

正月，大疫。　十二月，鮮卑侵幽、并二州。

二十歲　熹平三年（一七四）

曹操舉孝廉，爲郎㊀；除洛陽北部尉㊁，造五色棒懸尉廨門左右各十餘枚，有犯禁者，不避豪强，皆棒殺之。小黄門蹇碩叔父夜行，操即殺之。京師斂迹莫敢犯；近習寵臣咸疾之，然不能傷。　十一月，會稽起義軍失敗，許生被殺。　十二月，鮮卑侵北地，又侵并州。

㊀後漢郡國口二十萬，歲舉孝廉一人爲郎。　㊁續漢書百官志注引漢官：「雒陽孝廉左尉四百石，孝廉右尉四百石。」時操以孝廉爲郎，故得除洛陽尉，除年應即在舉孝廉之年，故今繫於此年。　又據魏志武帝紀建安十三年注，尚書選部梁鵠以操爲北部尉；建安二十一年注引曹瞞傳則謂係尚書右丞（另説京兆尹）司馬防所舉。

二十一歲　熹平四年(一七五)

三月，令諸儒正五經文字，刻石立於太學門外。　四月，郡、國七大水。　五月，鮮卑侵幽州。　六月，弘農、三輔螟災。　十月，改「平準」爲「中準」，使宦者爲令，列於内署，自是諸署皆以宦官爲丞、令。　是歲，孫策、周瑜生。

二十二歲　熹平五年(一七六)

閏五月，永昌太守曹鸞上書訟黨人，靈帝怒，收曹鸞下獄，被殺。令州郡更考黨人門生、故吏、父子兄弟在位者，皆免官禁錮。　是歲，鮮卑侵幽州。

二十三歲　熹平六年(一七七)

四月，大旱，七州蝗。　鮮卑侵三邊。　八月，遣破鮮卑中郎將田晏等三道出塞擊鮮卑，檀石槐命三部大人各帥衆逆戰，漢軍大敗。　操遷頓丘令㈠；徵拜議郎㈡。

㈠魏志陳思王傳：太祖征孫權，使植留守鄴，戒之曰：「吾昔爲頓丘令，年二十三，思此時所行，無悔於今。」㈡徵拜議郎年月不詳，觀魏志武帝紀文，應在是年或下年從坐免官以前。今暫繫於此年。

二十四歲　光和元年(一七八)

二月，置鴻都門學。　十月，靈帝信宦官譖言，廢皇后宋氏，宋氏自致暴室，憂死；后父宋酆及兄弟並被誅。操從妹夫㶏彊侯宋奇被誅，操從坐免官㊀。十一月，鮮卑侵酒泉；鮮卑部衆日多，緣邊州郡皆受其害。是年初開西邸賣官，自關内侯、虎賁羽林，入錢多寡不等，於西園立庫以貯之。有上書占令、長者，隨縣好醜，豐約有價。又私令左右賣公卿，公錢千萬，卿五百萬。

㊀從盧弼三國志集解注引梁章鉅説，謂「㶏彊侯必宋皇后兄弟行」，故暫繫於此年。

二十五歲　光和二年（一七九）

春，大疫。四月，大赦天下，諸黨人禁錮者小功以下皆解除。司徒劉郃、永樂少府陳球等謀誅宦官曹節等，十月，事洩，皆下獄死。十二月，鮮卑侵幽、并二州。是歲操在譙納卞氏爲妾。㊀

㊀魏志卞皇后紀注引魏書：「后以漢延熹三年十二月己巳生。」紀言「年二十，太祖於譙納后爲妾。」時操適坐宋奇事免官居鄉里，故納卞氏於譙。

二十六歲　光和三年（一八〇）

四月，江夏蠻起義。六月，命公卿舉能通尚書、毛詩、左氏、穀梁春秋者各一人，悉除議郎。操以能明古學，復徵拜議郎。㊀冬，鮮卑侵幽、并二州。十二月，靈帝立貴人何氏爲皇后。徵后兄何進爲侍中。是歲蒼梧、桂陽人起義，爲零陵太守楊琁擊破。

㊀魏志武帝紀注引魏書但云「後以能明古學，復徵拜議郎」，未詳年月。按後漢書靈帝紀是年六月「詔公卿舉能通尚書、毛詩、左氏、穀梁春秋各一人，悉除議郎」，則操之復徵拜議郎，因「以能明古學」，似應即在此時。今

暫繫於此年。

二十七歲　光和四年（一八一）

正月，漢朝廷初置騄驥廄丞官，領受郡國徵調馬匹，因豪右壟斷，馬價每匹至二百萬錢。　操上書陳陳蕃、竇武等正直而見陷害，姦邪盈朝，善人壅塞，言甚切；靈帝不納。㊀　十月，鮮卑侵幽、并二州。是年鮮卑大人檀石槐死。　靈帝作列肆於後宮，使諸采女販賣，自著商賈服，從之飲宴爲樂。　是歲，孫權、諸葛亮生。

㊀操上書陳竇武等，在其復徵拜議郎之後，及詔公卿以謡言舉刺史二千石之前，故應在光和三年六月至五年正月之間，今暫繫於此年。

二十八歲　光和五年（一八二）

正月，令公卿以謡言劾舉刺史、二千石爲民蠹害者。　太尉、司空承望宦官，受取貨賂，凡宦官子弟、賓客，雖貪汙穢濁，皆不敢問，而虚糾邊遠小郡清修有惠化者二十六人，吏民詣闕陳訴。　二月，大疫。是歲，以災異博問得失，操上書言三公所舉奏，專回避貴戚。　靈帝以示三府，並譴責之。㊀

㊀後漢書靈帝紀是年二月大疫，五月庚申永樂宫署災，七月有星孛於太微。　操上書應在是年二月至七月間。

二十九歲　光和六年（一八三）

夏，大旱。　初，鉅鹿人張角奉事黄、老，號「太平道」，分遣弟子周行四方，十餘年間衆數十萬，青、徐、幽、冀、荆、揚、兖、豫八州之人莫不畢應。遂置三十六方，大方萬餘人，小方六七千人，各立渠帥；言「蒼天已死，黄天將立，歲在甲子，天下大吉」。大方馬元義等先收荆、揚數萬人，期會發於鄴（今河北臨漳縣西北，漢冀州刺史治所）。馬元義數往來京師，以中常侍封諝、徐奉爲内應。約以翌年（甲子年）三月五日内外俱起。

三十歲　中平元年（一八四）

春，張角弟子唐周背叛，上書告密，漢朝廷遂逮捕馬元義，車裂於洛陽。令三公及司隸校尉按驗宫省直衛及百姓有事角道者，殺千餘人；命冀州搜捕張角等。張角等知事已露，晨夜馳敕諸方，同時起義，皆著黄巾以爲標幟。二月，張角自稱「天公將軍」，弟張寶稱「地公將軍」、張梁稱「人公將軍」，所在攻官府，州郡失據，官吏多逃亡，旬月之間天下響應。漢朝廷惶懼，以何進爲大將軍，率左右羽林五營營士屯都亭，鎮京師；置函谷等八關都尉。三月，靈帝赦天下黨人，還諸徙者，唯張角不赦。漢朝廷大發兵，遣北中郎將盧植攻張角，左中郎將皇甫嵩、右中郎將朱儁攻潁川黄巾。令公卿出馬、弩，舉明戰陣之略者以備選用。曹操自議郎拜爲騎都尉，與皇甫嵩、朱儁共攻黄巾。七月，張脩號「五斗米師」，起於巴郡。皇甫嵩、朱儁等攻敗潁川、汝南、陳國黄巾；又進攻東郡、南陽黄巾。盧植圍張角於鉅鹿、廣宗（今河北威縣東），後命皇甫嵩代。十月，張梁爲皇甫嵩戰敗，被殺。張角先病歿。十一月張寶亦敗，被殺。皇甫嵩先後殘殺義軍十餘萬人；義軍主力遂潰，轉爲分散活動。北地、先零、羌等共立湟中義從胡北宫伯玉爲將軍，以邊章、韓遂爲軍帥，殺刺史、守令，攻涼州及三輔。是歲，操攻潁川黄巾後，遷爲濟南相（治所在今山東歷城縣東）。㊀濟南所屬十餘縣官吏多阿附貴戚，贓汙狼籍，操奏免其八㊁。又禁斷淫祀；姦宄逃竄，郡界肅然。是歲，劉備二十四歲，得中山大商張世平、蘇雙資助，與關羽、張飛起兵擊黄巾，有「功」，除安喜尉。朱儁攻黄巾，表孫堅爲左軍司馬，以擊黄巾「功」，拜别部司馬。

㊀從盧弼三國志集解説，操爲濟南相在是年，時年三十，與明本志令文合。㊁御覽引，「八」下有「九」字。

三十一歲　中平二年（一八五）

春，大疫。二月，中常侍張讓、趙忠復説靈帝斂天下田每畝十錢，以修宫室。又詔發州郡材木文石送京師，宦官爰以爲姦；刺史、太守復增和調，百姓呼嗟。四月，大風雨雹。張牛角、褚飛燕等起義，號曰「黑山」㊀，衆至百萬，攻黄河以北諸郡縣。七月，三輔螟災。八月，漢朝廷以司空張温爲車騎將軍，擊北宫伯玉，戰於扶風美陽，不利；十一月，董卓、鮑鴻復攻之，邊章、韓遂等退走榆中。

㊀黑山，山名，在河南濬縣西北七十里。黑山義軍初起時以此爲根據地，故名。

三十二歲　中平三年（一八六）

二月，江夏兵趙慈暴動，殺南陽太守秦頡；六月，爲荆州刺史王敏所擊破。春，以中常侍趙忠爲車騎將軍，六月罷。　十月，武陵蠻起義，爲郡兵所攻破。　十二月，鮮卑侵幽、并二州。

三十三歲　中平四年（一八七）

二月，滎陽民變，殺中牟令。　三月，爲河南尹何苗所擊破。　韓遂殺邊章及北宮伯玉，擁兵十餘萬據隴西，涼州刺史耿鄙攻之，敗死，韓遂遂圍漢陽。　耿鄙司馬馬騰引兵與韓遂合，推王國爲主，攻三輔。六月，故中山相張純等連合烏桓，舉兵於幽州，屯肥如（今河北盧龍縣北）。　十月，零陵觀鵠起義，爲長沙太守孫堅所擊破，被殺。　十一月，操父大司農曹嵩買官爲太尉。　是歲，操徵還爲東郡太守，不就，稱疾歸鄉里，㊀築室城外，春夏習讀書傳，秋冬弋獵以自娛樂。　冬，操子丕生於譙。

魏志武帝紀記操任濟南相後，但云「久之，徵還爲東郡太守，不就，稱疾歸鄉里」，而未詳徵年。按後漢官吏有三載考績之制，崔寔政論：「漢法亦三年壹察治狀，舉孝廉尤異」；崔寔又指斥「近日所見，或一期之中郡主易數二千石」之病；所謂「一期」，即是三載。操自中平元年七月與皇甫嵩、朱儁攻潁川黃巾後遷濟南相，至中平四年秋適滿三載。且據武帝紀，操在濟南頗有治績，則至中平四年秋正應課最而徵遷，又與紀「久之」之文合，故今暫繫其徵還爲東郡太守事於此年。又，武帝紀注引魏書曰：「於是權臣專朝，貴戚橫恣，太祖不能違道取容，數數干忤，恐爲家禍，遂乞留宿衛，拜議郎，常託疾病，輒告歸鄉里。」與武帝紀不同。按自濟南相復拜議郎，似於情理不合，今從武帝紀。是年操實歸鄉里，由子丕是冬生於譙可知。

三十四歲　中平五年（一八八）

二月，黄巾郭大等起於西河白波谷，攻太原、河東。　三月，屠各胡殺并州刺史張懿。漢發南匈奴兵配劉虞擊張純，南匈奴人不願，其右部醢落結屠各胡殺單于羌渠，南匈奴立其子於扶羅爲單于。四月，操父太尉曹嵩罷。　六月，益州馬相、趙祇等起義，亦稱黄巾，爲益州從事賈龍所破。賈龍迎劉焉。是歲改刺史爲州牧，劉焉爲益州牧，劉虞爲幽州牧。　冀州刺史王芬等謀乘靈帝北巡時，以兵要劫，廢靈帝、誅宦官而立合肥侯，約結曹操，操拒之。㊀　八月，漢朝廷初置西園八校尉，小黄門蹇碩爲上軍校尉，袁紹爲中軍校尉，曹操爲典軍校尉；八校尉皆統於蹇碩。　九月，匈奴南單于於扶羅與白波衆攻河東。　漢朝廷命騎都尉公孫瓚等至漁陽擊張純。　十月，青、徐二州黄巾復起，攻郡縣。　十一月，王國圍陳倉，左將軍皇甫嵩督前將軍董卓率兵四萬拒之。

㊀通鑑繫此事於是年六月，今從之。按此時操尚在譙，去冀州遠。魏志武帝紀言：「頃之，冀州刺史王芬、南陽許攸、沛國周旌等，連結豪傑，謀廢靈帝，立合肥侯，以告太祖，太祖拒之。」則此時或因操與周旌爲同鄉，故周旌「連結」操。又按，此事在操稱疾歸鄉里後不足一年，適與紀中「頃之」文合。

三十五歲　中平六年（一八九）

二月，皇甫嵩破王國軍，韓遂等廢王國，更相攻争。　劉虞至幽州，與公孫瓚不和。　四月，靈帝劉宏死，子劉辯即皇帝位（少帝），年十七。　大將軍何進（劉辯母何太后之弟）謀誅宦官，任用袁紹、袁術等。蹇碩謀殺何進，進誅蹇碩。秋，何進欲召四方猛將董卓等，使引兵向京城以脅太后誅宦官，曹操非之。董卓自河東率兵向洛陽。何進謀洩，八月，中常侍張讓、段珪殺何進於宮中，袁紹入宮殺宦官二千餘人，張讓等將少帝與陳留王夜走小平津，追兵至，張讓、段珪投河死。宦官專政至此結束。董卓率兵迎少帝還宮。袁紹與董卓有隙，東奔冀州。九月，董卓廢劉辯爲弘農王，立陳留王劉協爲皇帝（獻帝），年九歲。董卓自爲太尉，酖殺何太后。董卓表曹操爲驍騎校尉，欲與計事，操不就，變易姓名，間行東歸。㊀過中牟（今河南中牟縣東），爲亭長所執，旋得釋。十月，白波衆攻河東，董卓遣其將牛輔往拒之。十一月，董卓爲相國，獨專朝政。十二月，操至陳留（今河南陳留縣），孝廉衛茲以家財助曹操，遂招募得五千人㊁，起兵於陳留己吾（今河南寧陵縣西南）。

㊀魏志武帝紀注引魏書言操「從數騎過故人成皋呂伯奢」，即此「間行東歸」途中事。魏書及注引世語與孫盛雜記所記均不同。㊁魏志武帝紀曰五千人，衛臻傳曰三千人。

三十六歲　初平元年（一九〇）

正月，關東州郡皆起兵以討董卓，推勃海太守袁紹爲盟主。袁紹與河内太守王匡屯河内，冀州牧韓馥留鄴給其軍糧。豫州刺史孔伷屯潁川，兖州刺史劉岱、陳留太守張邈及弟廣陵太守張超、東郡太守橋瑁、山陽太守袁遺、濟北相鮑信與行奮武將軍曹操㊀俱屯酸棗（今河南延澤縣北），後將軍袁術屯魯陽，衆各數萬人。董卓酖殺弘農王劉辯。董卓以關東兵盛，二月促獻帝遷都長安，遂焚燒洛陽宫廟官府人家。三月，獻帝至長安，朝政皆委司徒王允。劉表爲荆州刺史。董卓仍在洛陽，袁紹等畏其兵强，莫敢先進。操獨西進擬據成皋，與董卓將徐榮戰於滎陽（今河南滎澤縣西南）汴水，操敗走，士卒死傷甚多，操僅而得免。操至酸棗，見諸將不圖西進，操譴責之，爲畫攻董卓之計，張邈等不聽。曹操兵少，乃與司馬夏侯惇等至揚州募兵，得四千餘人；還至龍亢，士卒多叛，至銍、建平，復收兵得千餘人㊁，進屯河内（今河南武陟縣西南）。黄巾起義軍入青州。冬，袁紹與韓馥謀立幽州牧劉虞爲帝，約結曹操，曹操拒之。㊂

㊀時關東州郡起兵者皆漢刺史守相，唯操以上年董卓表之爲驍騎校尉不就，東歸，故起兵時但行奮武將軍。

㊁銍（今安徽宿縣西南）、建平（今河南永城縣），皆沛國屬縣，去譙不遠。然則此千餘人，皆操在家鄉近縣所募得者。　㊂參見文集卷三，頁六四，答袁紹。

三十七歲　初平二年（一九一）

正月，袁紹、韓馥遂立劉虞爲帝，劉虞不從。　二月，董卓爲太師，位在諸侯王上。　孫堅擊敗董卓軍，卓退至澠池，聚兵於陝。　孫堅進至洛陽。　董卓留兵屯澠池、華陰、安邑，引兵而西，四月，至長安。

七月，袁紹迫脅韓馥以冀州讓紹，紹遂領冀州牧。　鮑信説曹操據黄河以南以待其變。　黑山義軍于毒、白繞、眭固等十餘萬衆攻魏郡、東郡，東郡太守王肱不能抗。　操引兵入東郡，攻破白繞於濮陽（今河南濮陽縣）。　袁紹遂表操爲東郡太守，治東武陽（今山東朝城縣西）。　青州黄巾攻勃海，衆三十萬人，欲與黑山軍合；爲公孫瓚敗於東光南。　時關東州郡務相兼併以自强大，袁紹與袁術、公孫瓚不和，南結劉表。劉備爲平原相。是歲孫堅死。荀彧去袁紹來歸操，操大悦曰：「吾之子房也。」以爲司馬。

三十八歲　初平三年（一九二）

正月，袁紹敗公孫瓚於界橋。操駐軍頓丘，黑山帥于毒等攻東武陽，爲操所敗。操又破黑山眭固與匈奴於扶羅於内黄（今河南内黄縣西北）。四月，王允、吕布殺董卓於長安。青州黄巾入兖州，殺刺史劉岱。鮑信乃與州吏等至東郡迎操領兖州牧。操進兵攻黄巾於壽張（今山東東平縣西南）東，鮑信戰死，黄巾亦退。㊀　六月，董卓故將李傕、郭汜圍長安，殺王允，敗吕布，吕布東逃，終歸袁紹。李傕、郭汜、樊稠等遂專斷於長安。　冬，操追黄巾至濟北（濟北國治盧，今山東長清縣南），黄巾敗降，得戎卒三十餘萬，男女百餘萬口，操收其精鋭者，號爲「青州兵」。㊁　治中從事毛玠勸操「宜奉天子以令不臣，修耕植以畜軍資，如此則霸王之業可成」。操納其言。公孫瓚攻袁紹，使劉備、單經、陶謙自東方迫袁紹，袁紹與曹操合攻諸軍，皆破之，公孫瓚遂還幽州，不敢復出兵。是歲，操子植生。

㊀魏志武帝紀初平三年注引魏書言操「將步騎千餘人，行視戰地，卒抵賊營，戰不利，死者數百人，引還。」繼言黄巾「兵皆精悍」，而操則「舊兵少，新兵不習練」。鮑勛傳注言鮑信「殊死戰以救太祖，太祖僅得潰圍出，信遂没」。　㊁通鑑胡三省注曰：「所降者青州黄巾也，故號青州兵。」何焯曰：「魏武之强自此始。」

三十九歲　初平四年（一九三）

正月，操駐軍鄄城（今山東濮縣東）。袁術爲劉表所逼，引兵屯封丘，黑山軍及南匈奴於扶羅皆附之。操連擊破之，袁術遂引兵南下，逐揚州刺史陳瑀而據揚州，兼稱徐州伯。　夏，曹操還軍定陶（今山東定陶縣）。　六月，黑山帥于毒爲袁紹攻破，被殺；袁紹復敗諸義軍，又與黑山帥張燕及匈奴烏桓聯軍戰於常山。　下邳闕宣起義。　操父曹嵩避亂在琅琊，爲陶謙別將所劫殺。秋，操率兵擊陶謙，攻拔十餘城，遂至彭城（今江蘇徐州）；陶謙敗，走保郯。　冬，劉虞攻公孫瓚，大敗，被殺。

四十歲　興平元年（一九四）

二月，操因軍食盡，自彭城引兵還。　四月，操使荀彧、程昱守鄄城，自率兵復攻陶謙，遂至琅琊、東海，還擊劉備於郯東。　張邈與陳宮叛操，迎呂布爲兗州牧，兗州郡縣皆應布，唯鄄城、范（今山東范縣東南）、東阿（今山東陽穀縣東北阿城鎮）三城爲操固守。　呂布攻鄄城不下，西屯濮陽。　操引軍自徐州還，與呂布戰於濮陽西，軍敗。㊀　四月至七月，大旱，饑饉。　九月，操還鄄城。　袁紹使人説操欲連和，使操遣家居鄴；操新失兗州，軍食盡，將許之，程昱勸阻，乃止。　冬，劉焉死，子劉璋爲益州牧。　陶謙死，劉備代領徐州牧。　孫策率父孫堅部曲渡江至江東。

㊀魏志武帝紀：「布出兵戰，先以騎犯青州兵，青州兵奔，太祖陣亂，馳突火出，墜馬，燒左手掌。司馬樓異扶太祖上馬，遂引去。」

四十一歲　興平二年（一九五）

正月，操敗呂布於定陶。　春，關中李傕、郭汜相攻。　閏四月，呂布將薛蘭、李封屯鉅野（今山東鉅野縣南），操攻之，呂布來救薛蘭，敗走，操殺薛蘭等。　呂布、陳宮復從東緡（今山東金鄉縣東北）來戰，操大破之；復進軍攻拔定陶，分兵平諸縣。　呂布敗，東奔劉備，張邈從呂布，使弟張超將家屬保雍丘（今河南杞縣）。　七月，董承、楊奉護獻帝自長安東遷。　八月，曹操圍雍丘，張邈詣袁術求救，未至，爲其下所殺。　十月，獻帝拜曹操爲兖州牧。　十一月，李傕、郭汜悔令獻帝東行，率兵來追。十二月，獻帝至弘農，戰於東澗，董承、楊奉敗，至曹陽，密遣使至河東招故白波帥李樂、韓暹、胡才及南匈奴右賢王去卑，李樂等率數千騎來，與董承、楊奉共擊李傕等，大破之。李傕等復來追，獻帝至陝渡河，入河東至安邑。　蔡文姬被匈奴人虜獲。㈠　十二月，操攻雍丘，雍丘潰，張超自殺，操夷張邈三族。兖州遂全入操手。

㈠據郭沫若談蔡文姬的「胡笳十八拍」，定在是年被虜，入匈奴大約在次年。

四十二歲　建安元年（一九六）

春，操準備迎獻帝。　汝南、潁川黄巾何儀、劉辟、黄邵、何曼等衆各數萬人，附袁術；二月，爲操所擊敗，黄邵被殺，劉辟、何儀率衆降。　獻帝拜操爲建德將軍，六月，遷鎮東將軍，封費亭侯。　獻帝欲歸洛陽，自安邑至聞喜。　劉備與袁術争徐州，爲呂布所襲，投歸操，操表劉備爲豫州牧，使屯小沛以拒呂布。　七月，獻帝至洛陽。　是時宮室燒盡，百官被荆棘，依牆壁間。　州郡各擁强兵，委輸不至，羣僚飢乏，尚書郎以下自出採稆，或飢死牆壁間，或爲兵士所殺。　八月，操將兵至洛陽，獻帝以操領司隸校尉，假節鉞，録尚書事。　九月，操奉獻帝遷都許（今河南許昌縣），以操爲大將軍，封武平侯。楊奉自梁（今河南汝南縣西）來邀擊，不及；十月，操攻楊奉，楊奉南奔袁術。　以袁紹爲太尉，紹不肯受，操以大將軍讓袁紹，自爲司空，行車騎將軍。　自此袁紹與操交惡。　是歲，操用棗祗、韓浩議，始興屯田，以棗祗爲屯田都尉，以任峻爲典農中郎將，募民屯田許下，得穀百萬斛。　於是例置田官，所在積穀。㊀　張濟引兵自關中入荆州界，攻穰城（今河南鄧縣），戰死，姪張繡代領其衆，屯宛（今河南南陽），附於劉表。

㊀魏志任峻傳：「是時歲饑旱，軍食不足，羽林監潁川棗祗建置屯田，太祖以峻爲典農中郎將，數年中所在積粟，倉廩皆滿，……軍國之饒，起於棗祗而成於峻。」

四十三歲　建安二年（一九七）

正月，操至宛攻張繡，張繡降，既而悔之，反攻操，操軍敗，操長子昂死於役。　操復收散兵擊張繡，張繡敗走穰城，復與劉表合；操還許。　袁術稱帝於壽春。　三月，獻帝詔拜袁紹大將軍，兼督冀、青、幽、并四州。　五月，蝗災。　袁術攻呂布，敗。　九月，操攻袁術，袁術敗走渡淮，自是遂衰。　十一月，操復率兵至宛擊張繡，拔湖陽（今河南唐河縣南），擒劉表將鄧濟，又攻下舞陰（今河南泌陽縣西北）。

四十四歲　建安三年（一九八）

三月，操復攻張繡，圍穰城。　四月，袁紹使使説操以許下埤溼，洛陽殘破，宜徙都鄄城以就全實，操拒之。操聞袁紹欲攻許，乃解穰城之圍引軍還許。張繡進兵追操軍；五月，劉表遣兵救張繡，屯安衆（今河南鎮平縣東南）欲絶操軍後路，操大破劉表、張繡聯軍於安衆。　七月，操還許。　九月，吕布將高順等攻劉備，破沛城，劉備單身走。　操自引軍攻吕布，十月，下彭城，吕布退保下邳（今江蘇邳縣東）。操圍下邳，十二月，吕布將侯成等降操，城陷，操擒殺吕布、陳宫。徐州遂入操手。　冬，袁紹復攻公孫瓚。　是歲，孫策逐步佔據江東。

四十五歲　建安四年（一九九）

春，黑山帥眭固降袁紹，屯射犬。　三月，袁紹大破公孫瓚於易京，殺之；袁紹賜烏桓王蹋頓等單于印綬。漁陽太守鮮于輔附於操。　四月，操遣兵北渡河攻眭固，眭固敗，被殺。操還軍敖倉（今河南滎澤縣西北），以魏种爲河内太守。　車騎將軍董承與劉備密謀殺操，未發，劉備疑操已覺；操適遣劉備東向邀擊袁術，劉備遂殺徐州刺史車冑而據徐州，背操，留關羽守下邳，自守小沛。東海昌豨附劉備。備衆至數萬人，遣使與袁紹連兵。　六月，袁術窮迫病死於壽春江亭。　袁紹破公孫瓚後，志益驕，簡精兵十萬、騎萬匹，欲攻許。㈠　八月，操進軍黎陽（今河南濬縣東北）㈡，使臧霸等入青州，于禁屯河上；九月，操還許，復分兵守官渡（今河南中牟縣東北）。袁紹欲連結張繡。張繡聽賈詡議，十一月率衆降操。操使衛覬鎮撫關中。廬江太守劉勳率衆降操。

㊀袁紹當時「兼四州之地，衆十餘萬，將進軍攻許」，操諸將以爲不易抵禦，操對袁紹則有準確之估計，曰：「吾知紹之爲人，志大而智小，色厲而膽薄，忌克而少威，兵多而分畫不明，將驕而政令不一，土地雖廣，糧食雖豐，適足以爲吾奉也。」見魏志武帝紀建安四年。㊁黎陽爲後漢時控制東方之重鎮，設有黎陽營，故爲軍事上必争之地。

四十六歲　建安五年（二〇〇）

正月，董承等殺操之謀洩，皆被殺。操自將東征劉備，破之，獲其妻子；進拔下邳，擒關羽；劉備走奔袁紹。袁紹謀攻操，移檄州郡，數操罪惡㊀。二月，進軍黎陽，遣其將顏良攻東郡太守劉延於白馬，曹軍斬顏良，退至河南。袁紹軍渡河至延津復戰，操破袁軍，斬其將文醜。操還軍官渡，袁紹進保陽武（今河南陽武縣）。關羽逃歸劉備。四月，孫策死，弟孫權領其軍，有揚州五郡。七月，操制新科，行户調。㊁劉辟背曹操，應袁紹。袁紹使劉備略汝南，備陰欲脱離袁紹。八月，袁紹連營數十里，操亦分營與相當。袁紹復進臨官渡，兩軍相持連月。十月，操燒袁紹輜重，大敗袁紹軍於官渡，紹僅與八百騎北渡河，盡亡其士卒輜重。操收袁紹書中，得許下及軍中人書，㊂皆焚之。冀州諸郡多舉城邑降。

㊀檄文見後漢書袁紹傳。㊁操始制新科，行户調，通鑑繫於此年七月。但細玩魏志何夔傳及趙儼傳文，操之

始行户調，可能即在此年，亦可能早一二年。今暫依通鑑。㊂魏志趙儼傳注引魏略：「太祖北拒袁紹，時遠近莫不私遺牋記通意於紹者。」

四十七歲　建安六年（二〇一）

四月，操揚兵河上，擊袁紹倉亭（今山東范縣東北古黄河渡處）軍，破之。　九月，操引兵南征劉備於汝南，劉備投奔劉表。

四十八歲　建安七年（二〇二）

正月，操軍譙，撫循將士親族。㊀至浚儀（今河南祥符縣西北），治睢陽渠。進軍官渡。　五月，袁紹病死，少子袁尚領其軍，自號車騎將軍，屯黎陽。時袁紹長子袁譚爲青州刺史，次子袁熙爲幽州刺史，甥高幹爲并州刺史。　九月，操與袁譚、袁尚相拒於黎陽，數敗之。　操使司隸校尉鍾繇圍南匈奴單于呼廚泉於平陽，呼廚泉降。　操下書要求孫權送質子於許，孫權拒之。

㊀參見文集卷二，頁三一，軍譙令。

四十九歲　建安八年（二〇三）

三月，曹操攻黎陽，大破袁譚、袁尚軍，譚、尚敗走還鄴。　四月，操進軍追至鄴。　五月，還許，留賈信屯黎陽。　七月，令郡國修文學，縣滿五百户者置校官。㊀　八月，操攻劉表，軍於西平（今河南西平縣西）。　袁譚與袁尚内鬨，引兵相攻。　袁譚爲袁尚所敗，走保平原（今山東平原縣南），袁尚圍攻之，袁譚乃遣辛毗請救於操，操許之。操引軍自西平北還，十月至黎陽；袁尚聞操北上，乃釋平原還鄴。東平呂曠、呂詳叛袁尚降操。孫權攻山越。建安、漢興、南平民變，衆各萬餘人，爲孫權所擊破。

㊀參見文集卷二，頁三二，修學令。

五十歲　建安九年（二〇四）

正月，操渡河，遏淇水入白溝以通糧道。二月，袁尚復攻袁譚於平原，留其將審配守鄴。操進軍至鄴圍攻之。四月，拔邯鄲；易陽令韓範降。五月，決漳水灌鄴。七月，袁尚將兵萬人還救鄴，操大破袁尚軍，袁尚奔中山。八月，操攻入鄴城，殺審配。九月，下收田租令，但令民出田租畝四升，户調絹二匹、綿二斤，㊀並免河北是年租賦。獻帝令操領冀州牧。十月，高幹以并州降。袁譚復背操，略取甘陵、安平、勃海、河間諸郡；攻袁尚於中山，袁尚敗走從袁熙。操引兵東攻袁譚，譚走保南皮（今河北南皮縣）。操遣牽招至柳城撫慰烏桓峭王。

㊀參見文集卷二，頁三三，收田租令。

五十一歲　建安十年（二〇五）

正月，操攻南皮，大破袁譚，殺之。冀州遂全入操手。郭嘉説操多辟青、冀、幽、并人以爲掾屬。袁熙、袁尚俱奔遼西烏桓。操下令使民不得復私讎；禁厚葬。㊀四月，黑山帥張燕率衆十餘萬降操。故安趙犢、霍奴等殺幽州刺史及涿郡太守，三郡烏桓攻鮮于輔於獷平。八月，操攻破趙犢軍，殺犢等;乃渡潞河救獷平,烏桓走出塞。九月,下整齊風俗令。㈡十月,操還鄴。高幹聞操征烏桓,復以并州叛,執上黨太守,守壺關口,操遣兵擊之。

㈠參見文集卷二,頁三三,赦袁氏同惡及禁復讎厚葬令。㈡參見文集卷二,頁三四,整齊風俗令。

五十二歲　建安十一年(二〇六)

正月,操擊高幹;三月,攻入壺關,高幹走荆州,爲上洛都尉所捕殺,并州遂全入操手,操使梁習爲并州刺史。八月,操東征管承,管承敗走海島。初,三郡烏桓乘中國亂,破幽州,略有漢民十餘萬户,袁紹皆立其酋豪爲單于。遼西烏桓蹋頓尤强,爲袁紹所厚,故袁熙、袁尚逃歸之,數入塞爲害。操將征烏桓,乃鑿平虜渠、泉州渠以通運道。十月,下求言令,令「自今以後諸掾屬治中別駕常以月旦各名其失。」㈠操使國淵典屯田事,淵相土處民,計民置吏,明功課之法,五年中倉廩豐實,百姓競勸樂業㈡。

㈠參見文集卷二,頁三五,求言令。㈡魏志國淵傳記國淵典屯田事,不詳年分。按傳文,建安十六年操征關中時,淵已典屯田約五年。又,淵先避亂遼東,還故土似當在操平河北以後。故暫繫淵始典屯田於此年。

五十三歲　建安十二年(二〇七)

二月,下封功臣令,封功臣二十餘人爲列侯,餘各以次受封;又分邑租以賜將吏。㈠五月,操北征三郡烏桓,至無終(今河北薊縣),大水,傍海道不通,田疇爲鄉導,引軍出盧龍塞(今喜峯口),塹山堙谷五百餘里，經白檀（今河北灤平縣）、歷平岡（今喀喇沁左旗），東向柳城（今遼寧朝陽縣南）。蹋頓等以數萬騎逆軍。八月，登白狼山，大破烏桓，殺蹋頓，胡、漢降者二十餘萬口。袁熙、袁尚奔遼東。九月，操引兵自柳城還。遼東太守公孫康殺袁熙、袁尚。十一月，操至易水，代郡烏桓行單于普富盧、上郡烏桓行單于那樓將其名王來賀。是歲，劉備始用諸葛亮。操遣使者以金璧贖歸蔡文姬。㊁

㊀參見文集卷二，頁三六—三七，建安十二年三令。㊁據郭沫若考證，蔡文姬留匈奴十二年，曹操贖歸當在是年或次年。

五十四歲　建安十三年（二〇八）

正月，操還鄴，作玄武池，練水軍。六月，操爲丞相。七月，操南征劉表。八月，劉表死，子劉琮代，領其軍屯襄陽，劉備屯樊，表長子劉琦奔江南。九月，操至新野（今河南新野縣），劉琮舉荆州以降操。操軍至宛，劉備南走，至當陽爲操軍追及，戰敗，濟沔，遇劉琦，同走夏口（今漢口），操遂得江陵（今湖北江陵）。十月，劉備與孫權聯合謀拒操。劉備軍駐樊口（今武昌西北五里），周瑜率江東兵三萬人至荆州，十一月，曹操順江陵而下，與周瑜軍遇於赤壁（在今湖北嘉魚縣境），時操軍士疾疫，戰不利，引次江北，周瑜軍以火攻，操船艦焚燬，軍遂大敗，自華容（今湖北監利縣西北）道北走；劉備、周瑜追至南郡。操乃留曹仁、徐晃守江陵，樂進守襄陽，引軍北還。周瑜復擊敗曹仁於夷陵（今湖北宜昌縣）。十二月，孫權自將圍合肥（今安徽合肥）。劉備表劉琦爲荆州刺史，引兵南向，遂有荆州江南四郡；周瑜屯江北與曹仁相距。　劉璋與操絶而與劉備相結。

五十五歲　建安十四年（二〇九）

三月，操軍至譙，作輕舟，治水軍。　孫權自合肥退還。　七月，操自引水軍自渦水入淮，出肥水，軍合肥；令存恤從軍吏士家室㊀，置揚州郡縣長吏，開芍陂（今安徽壽縣南）屯田。　命倉慈爲綏集都尉，屯田淮南。㊁　十二月，操引軍還譙。　廬江人陳蘭、梅成等起義於灊、六，操遣盪寇將軍張遼攻之，陳蘭等被殺；操因使張遼、樂進、李典等將七千人屯合肥。　孫權命周瑜屯江陵，程普領江夏太守，吕範領彭澤太守，遂有荆州江北諸郡；　劉備營於公安（今湖北公安縣南）。

㊀參見文集卷二，頁四〇，存恤從軍吏士家室令。　㊁倉慈爲綏集都尉，爲操「開募屯田於淮南」事，魏志倉慈傳未詳年分。按操大規模屯田淮南，始於建安十四年，以給合肥屯軍，故暫繫之於此年。

五十六歲　建安十五年（二一〇）

春，操下求賢令。言「今天下尚未定，此特求賢之急時」，不必用廉士，但唯才是舉。㊀　冬，作銅雀臺於鄴。　十二月，下明本志令，自明守義爲國，無代漢之意；並讓還封國之三縣，但食武平萬户。㊁　是歲，周瑜死。　交阯太守士燮雄於交州，董督七郡，至是附於孫權，孫權勢力遂擴及嶺南。

㊀參見文集卷二，頁四〇，求賢令。　㊁參見文集卷二，頁四一，讓縣自明本志令。此令爲了解操事蹟最重要之直接資料。

五十七歲　建安十六年（二一一）

正月，操子丕爲五官中郎將，爲丞相副。　太原商曜等起義於大陵，爲操將夏侯淵、徐晃所擊破。

三月，操遣司隸校尉鍾繇攻漢中張魯，使夏侯淵等將兵出河東。關中馬超、韓遂、楊秋等十部皆起抗操軍，衆十萬，據潼關，操使曹仁督諸將拒之。　七月，操自將西征，八月，至潼關，北渡河，自蒲阪入西河，馬超等拒於渭口（今陝西華陰縣北）。操進至渭南；九月，大破馬超等，馬超、韓遂奔凉州，楊秋奔安定。關中遂全入操手。　十月，操攻楊秋，圍安定，楊秋降。　河間田銀、蘇伯起義。　十二月，操自安定引軍還，留夏侯淵屯長安，以張阮爲京兆尹。　是歲，劉璋迎劉備，劉備留關羽守荆州，自將數萬人入益州。劉璋使劉備往擊張魯，劉備遂引軍北上至葭萌（今四川昭化縣南）。

五十八歲　建安十七年（二一二）

正月，操還鄴。　田銀、蘇伯起義失敗，餘衆降。　七月，馬超餘衆梁興等屯藍田，夏侯淵擊平之。　割河内、東郡、鉅鹿、廣平、趙國諸縣以益魏郡。　九月，立獻帝諸皇子爲王。　孫權徙治秣陵，改名建業（今南京）。夾濡須口（今安徽無爲縣東北）立塢。　十月，操征孫權。　十二月，劉備自葭萌還軍，進據涪城（今四川綿陽縣東），欲襲成都。　是年荀彧自殺。

五十九歲　建安十八年（二一三）

正月，操進軍濡須口，攻破孫權江西營，獲其都督公孫陽；孫權率兵七萬禦之，相守月餘，操引軍還。

詔并十四州爲九州。　四月，操至鄴。操欲令淮南濱江人民内徙，民轉相驚，廬江、九江、蘄春、廣陵等郡十餘萬户皆東渡江，江西遂虚。　五月，獻帝以冀州十郡封操爲魏公，加九錫。　九月，鑿渠引漳水入白溝以通河。　十一月，魏國置尚書、侍中、六卿。　自前年操自關中東還後，馬超即率羌、胡擊隴上諸郡縣，漸兼隴右之衆。是歲復攻冀城（今甘肅隴西縣南），自春至秋，城下，漢陽遂爲超所據。夏侯淵引兵救冀，爲馬超所敗。氐王千萬亦應超。　劉璋遣軍拒劉備，連敗，退保緜竹（今四川羅江縣西南）；劉備分遣諸將略下屬縣。

六十歲　建安十九年（二一四）

正月，撫夷將軍姜敍與楊阜、尹奉、趙衢等共征馬超，超敗，南奔漢中就張魯；復還攻擾涼州，爲夏侯淵所敗。夏侯淵進軍敗韓遂及氐、羌，下興國。　閏四月，孫權攻皖，破之，獲廬江太守朱光，孫權使吕蒙爲廬江太守。　諸葛亮與張飛、趙雲溯江入益州，下東蜀諸郡。　劉備圍成都，劉璋降劉備，劉備遂領益州牧。　馬超投附劉備。　七月，操征孫權。　十月，夏侯淵下枹罕，殺宋建，張郃進軍入小湟中，河西諸羌皆降，隴右遂全入操手。　獻帝伏皇后令父伏完密圖操，事洩，十一月，操遣郗慮等勒兵入宫收伏后，幽死。　十二月，操至孟津。　下敕有司取士毋廢偏短令，言「有行之士未必能進取，進取之士未必能有行」，故用士勿廢偏短。㈠又令選明達法理者使持典刑，置理曹掾屬。㈡

㈠參見文集卷二，頁四六，敕有司取士毋廢偏短令。　㈡參見文集卷二，頁四六，選軍中典獄令。

六十一歲　建安二十年（二一五）

正月，省雲中、定襄、五原、朔方郡，每郡改置一縣，合以爲新興郡。　三月，操西征張魯，將自武都入氐；氐人塞道，爲張郃等所攻破。　四月，自陳倉（今陝西寶雞縣東）出散關（寶雞縣西南五十二里）至河池（今甘肅徽縣），五月攻破氐王竇茂。　七月，至陽平（今陝西沔縣東北），敗張魯軍，張魯奔巴中，操遂得南鄭，巴、漢皆降。　孫權與劉備爭荆州，聞操攻漢中，遂中分荆州，以湘水爲界。　八月，孫權率衆十萬圍合肥，戰敗而退。　九月，巴夷、賨民來附操。　十一月，張魯自巴中將其衆降操。　劉備引兵據巴中，操遣張郃督諸軍攻巴中，爲張飛所敗，退還漢中。　十二月，操自南鄭還，留夏侯淵屯漢中。

屯田客呂並起義據陳倉，爲趙儼等所擊破。㊀

㊀呂並起義事見魏志趙儼傳，發生於趙儼爲關中護軍時。今參照趙儼傳及通鑑，繫於此年。

六十二歲　建安二十一年（二一六）

二月，操還鄴。　五月，操爲魏王。　代郡烏桓行單于普富盧與其侯王來朝。　七月，匈奴南單于呼廚泉將其名王來朝，操遂留之於鄴，使右賢王去卑監其國，分其衆爲五部，各立其貴人爲帥，選漢人爲司馬以監督之。　十月，操治兵，征孫權。　十一月，操至譙。

六十三歲　建安二十二年（二一七）

正月，操軍居巢（今安徽巢縣東北），二月，進至郝谿，攻濡須口，孫權退走。　三月，操引軍還，留夏侯惇、曹仁等屯居巢。　四月，獻帝詔魏王操設天子旌旗，出入稱警蹕。　八月，下舉賢勿拘品行令，重申唯才是舉，勿拘操品之意。㈠　十月，獻帝命操冕用十二旒，備天子乘輿。　操以子丕爲太子。　劉備率諸將進兵漢中，遣張飛、馬超、吴蘭等屯下辯（今甘肅成縣西）。　操遣曹洪率兵拒之。　是歲，大疫。

㈠參見文集卷二，頁四八，舉賢勿拘品行令。

六十四歲　建安二十三年（二一八）

初，操使丞相長史王必典兵督許中事。　太醫令吉本、子吉邈與少府耿紀等謀殺王必，挾獻帝以攻操；正月，吉邈等攻王必，失敗，爲王必、嚴匡等所殺。　曹洪攻破吴蘭，三月，張飛、馬超走漢中。四月，代郡、上谷烏桓無臣氏等反，操遣子彰往征，破之。　七月，操治兵西征劉備，時備屯陽平關，與夏侯淵等相拒。　九月，操至長安。　南陽吏民苦繇役，十月，宛守將侯音等起據宛；曹仁時屯樊城，操命仁還攻侯音。

六十五歲　建安二十四年（二一九）

正月，曹仁破宛，斬侯音。　夏侯淵爲劉備軍擊敗於陽平南定軍山，被殺。　三月，操自長安出斜谷，臨漢中。　操與劉備相持積月，操軍士卒多亡，五月，操乃引諸軍出漢中還長安，劉備遂據漢中。七月，劉備自稱漢中王。　孫權攻合肥。　八月，關羽率衆圍曹仁於樊城，曹仁將于禁降關羽，曹仁固守樊城。　關羽復遣兵圍襄陽。　九月，魏諷謀襲鄴，事洩，曹丕殺其黨羽數十人。　十月，操自關中還至洛陽。陸渾民孫狼暴動，殺縣吏，南附關羽。羽授狼印，給兵，襲郡縣。自許以南往往遥應關羽。操議欲徙許都以避其鋭，未行。操自洛陽南征關羽，未至，徐晃攻破關羽軍，羽遂撤圍走。孫權見關羽連兵襄、樊，乃遣吕蒙將兵乘虚下南郡，入江陵，關羽急南還。操駐軍摩陂（今河南輔成縣東南）。十一月，關羽衆散，保麥城（今湖北當陽縣東南），十二月，孫權將士攻殺關羽，孫權遂有荆州。孫權上書稱臣。

六十六歲　建安二十五年（二二〇，即黄初元年）

正月，操還至洛陽；庚子，病死於洛陽。十月，獻帝禪位於魏王曹丕（魏文帝）。次年，劉備稱帝，並率軍攻孫權，權遣使稱臣於魏，封爲吴王。

附言：本年表中史事及年月，遇有各種記載相互歧異之處，大半依從通鑑，間亦採用盧弼三國志集解所引諸説。遇有難以確定年月之事，均加腳注説明暫繫該事於該年之理由。關於少數民族之名稱，均暫仍漢末史料之舊。關於古代地名，凡與曹操事蹟有關之重要縣名，均用括弧注明現今地名，以便利讀者檢閲地圖。疏漏錯誤之處可能很多，望讀者指正。

曹操著作考　節録姚振宗三國藝文志

魏武自作家傳

魏志蔣濟傳注：臣松之案：魏武作家傳，自云曹叔振鐸之後。

廣韻六豪曹字注：魏武作家傳，自云曹叔振鐸之後。周武王封母弟振鐸于曹，後以國爲氏，出譙國、彭城、高平、鉅鹿四望。

魏主奏事十卷

隋書經籍志刑法篇：魏主奏事十卷。

章宗源隋志考證曰：文選古詩十九首注、太平御覽居處部並引魏王奏事，史記韓信盧綰傳集解引魏武帝奏事，漢書高帝紀注、後漢書光武紀、西羌傳注、文選關中詩注並引之。

侯志曰：史記陳豨傳、漢書高祖紀十年、後漢書光武紀更始二年、西羌傳論諸注，俱引魏武奏事，御覽一百八十一引魏公奏事。

魏武帝太公陰謀解三卷

隋書經籍志：梁又有太公陰謀三卷，魏武帝解。通志藝文略：太公陰謀三卷，魏武帝注。

魏武帝司馬法注

汪師韓文選理學權輿曰：選注所引羣書，有曹操司馬法注。

侯志曰：魏武帝司馬法注，見文選注。

魏武帝孫子略解三卷

魏武自序有曰：吾觀兵書戰策多矣，孫武所著深矣。審計重舉，明畫深圖，不可相誣，而但世人未之深亮訓説，況文煩富，行于世者，失其旨要，故撰爲略解焉。

魏志武紀注：孫盛異同雜語云：太祖注孫武十三篇，傳于世。

唐杜牧注書序曰：武書大略用仁義，使機權，曹公所注解，十不釋一。

隋書經籍志：孫子兵法二卷，吴將孫武撰，魏武帝注，梁三卷。日本國見在書目：孫子兵書三卷，魏武解；孫子兵書一卷，魏祖略解。唐經籍志：孫子兵法十三卷，孫武撰，魏武帝注。藝文志：魏武帝注孫子三卷。宋史藝文志同。

鼂氏讀書志曰：魏武注孫子一卷。案漢藝文志，孫子兵法八十二篇，今魏武所注止十三篇。杜牧以爲武書數十萬言，魏武削其繁剩，筆其精粹，成此書云。又曰：唐李筌注孫子，以魏武所解多誤；陳皥注孫子，以曹公注隱微。

陳氏書録解題曰：漢志八十一篇，魏武帝削其繁冗，定爲十三篇。

孫星衍刻書序曰：宋雕本孫子三卷，魏武帝注。見漢藝文志者，孫子篇卷不止此，然史記已稱十三篇，則此爲完書，篇多者反由漢人輯録。阮孝緒作七録時，孫子爲上中下三卷，見史記正義。此本每篇有卷上中下題識。

孫星衍校刊孫子十家注序曰：兵家言惟孫子十三篇最古，稱爲兵經，比于六藝。而或祕其書，不肯注以傳世，魏武始爲之注。云撰爲略解，謙言解其觕略也。

魏武王淩集解孫子兵法一卷

魏志本傳：淩字彦雲，太原祈人也。叔父允爲漢司徒，誅董卓。卓將李傕、郭汜等爲卓報仇，入長安，殺允，盡害其家。淩及兄晨，時皆年少，踰城得脱，亡命歸鄉里。淩舉孝廉，爲發干長、中山太守。太祖辟爲丞相掾屬。文帝踐阼，拜散騎常侍，出爲兖州刺史，轉青州，徙揚、豫州刺史。正始初，爲征東將軍假節都督揚州諸軍事，進封南鄉侯，邑千三百五十户，遷車騎將軍儀同三司，就遷爲司空。司馬宣王既誅曹爽，進淩爲太尉，假節鉞。後與外甥兖州刺史令狐愚密協計，謂齊王不任天位，欲迎立楚王彪，都許昌。嘉平三年，宣王將中軍討淩，淩勢窮出迎，送還京都，至項，飲藥死。

隋書經籍志：孫子兵法一卷，魏武、王淩集解。

孫星衍校刊孫子十家注序曰：書中或多出杜佑，而置在其孫杜牧之後。杜佑實未嘗注孫子，其文即通典也。多與曹注同，而文較備，疑佑用曹公、王淩諸人古注，故有王子曰，即淩也。

魏武帝續孫子兵法二卷

隋書經籍志：續孫子兵法二卷，魏武帝撰。日本國見在書目同。唐書藝文志：魏武帝續孫子兵法二卷。

案此疑取孫子十三篇外之文以爲是編。

魏武帝兵書接要十卷

魏志武紀注：孫盛異同雜語云：太祖博覽羣書，特好兵法，鈔集諸家兵法，名曰接要，傳于世。

隋書經籍志：兵書接要十卷，魏武帝撰。唐經籍志：兵書接要七卷，魏武帝撰；藝文志：魏武帝兵書捷要七卷。

汪師韓文選注引羣書目録曰：兵書接要，魏武帝鈔集。孫志祖曰：案舊唐志，兵法捷要七卷，魏武帝撰。案舊唐志作兵書接要。捷要即節要也，魏諱節改耳。案接捷古通，漢藝文志道家捷子二篇，史記孟荀列傳作接子，此其證也。

侯志曰：本紀注引孫盛異同雜語及文選魏都賦注引，皆作接要，與隋志同。唐志作捷要，御覽卷八引其文，又作輯要；又卷十一引，凡三條。案御覽經史圖書綱目又有魏武兵書輯略，亦即節要之謂也。

魏武帝兵書接要別本五卷

魏武帝兵書要論七卷

隋書經籍志：梁有兵書接要別本五卷，又有兵書要論七卷，亡。日本國見在書目：兵書論要一卷，魏武帝撰。

案隋志引七録，此二書並在魏武兵書接要十卷之次，知皆爲魏武書。疑皆是別本。其要論七卷，似即唐志捷要七卷之異名。

魏武帝兵書十三卷亦稱新書

魏志武紀注：魏書曰：太祖自統御海内，芟夷羣醜，其行軍用師，大較依孫吴之法。而因事設奇，譎敵制勝，變化如神。自作兵書十萬餘言，諸將征伐，皆以新書從事；臨事又手爲節度，從令者克捷，違教者負敗。太平御覽三百八十九引益部耆舊傳曰：張松識達精果，有材幹，劉璋乃遣詣曹公，曹公不甚禮。楊修深器之。修以公所撰兵書示松，飲讌之間，一省即便闇誦。

杜牧注孫子序曰：曹公所注解，十不釋一，蓋惜其所得自爲新書爾。

唐日本國人佐世見在書目：魏武帝兵書十三卷。

魏武帝兵書略要九卷

隋書經籍志：兵書略要九卷，魏武帝撰。通志藝文略同。日本國見在書目：兵書要略，魏武帝撰，不著卷數。

嚴可均全三國文編曰，魏武兵書要略，御覽三百五十七引之。

案此似新書别本，隋志是書之下又云：梁有兵要二卷，次在魏武諸書中，疑亦魏人抄録武帝書。

魏武帝兵法接要三卷

隋書經籍志：兵法接要三卷，魏武帝撰。日本國見在書目：兵書接要三卷，魏武帝撰。

案此兩唐志不載，或自爲一書，或後人鈔兵書接要及新書爲是帙。隋志有太公三宫兵法一卷，而是書之下又有三宫用兵法一卷，敍次在魏武諸書中，疑亦魏武抄撰太公書而失注撰人者。

魏武帝兵法一卷

隋書經籍志：魏武帝兵法一卷。

案此兩唐志不載，似亦當時鈔節之别本。

魏武四時食制

魏志武紀注：傅子曰：太祖又好養性法，亦解方藥。招引方術之士，左慈、華佗、甘始、郄儉等，無不畢至。又習啖野葛至一尺，亦得少多飲鴆酒。

汪師韓文選理學權輿曰：選注所引羣書，有魏武四時食制。

嚴可均全三國文編曰，魏武四時食制，文選海賦注、初學記卷三十、太平御覽九百三十六七八九至四十，引見凡十四條。

案隋志有四時御食經一卷，又食經十四卷。又引七録，有食經二卷，又一部十九卷，又太官食經五卷，太官食法二十卷，並不著撰人。蓋合諸家食經爲一編，魏武四時食制當在此數書中。

魏武帝集三十卷録一卷

魏武帝逸集十卷

魏武帝集新撰十卷

魏志本紀注：魏書曰：太祖御軍三十餘年，手不捨書，晝則講武策，夜則思經傳，登高必賦，及造新詩，被之管絃，皆成樂章。

魏志文紀注：典論自敍曰：上雅好詩書文籍，雖在軍旅，手不釋卷。每每定省，從容常言：人少好學，則思專，長則善忘；長大而能勤學者，唯吾與袁伯業耳。袁遺字伯業，汝南人，袁紹從兄。見武紀初平元年裴氏注。

鍾嶸詩品曰：曹公古直，甚有悲涼之句。

文心雕龍時序篇曰：建安之末，區宇方輯，魏武以相王之尊，雅愛詩章。

隋書經籍志：魏武帝集二十六卷。梁三十卷，録一卷。梁又有武皇帝逸集十卷，亡。又曰：魏武帝集新撰十卷。唐經籍志：魏武帝集三十卷。藝文志同。

明張溥漢魏六朝百三家魏武帝集輯本一卷，凡令、教、表、奏事、策、書、尺牘、序、祭文、樂府歌辭，綜一百四十五篇。

嚴可均全三國文編輯本三卷，凡賦、策、表、奏、上書、上事、教、令、書、序、家傳、雜文，綜一百五十篇。

明馮惟訥詩紀輯存樂府十四篇，二十一首。

魏武帝露布文九卷

隋書經籍志：梁有魏武帝露布文九卷，亡。通志略文類軍書門著録同。

唐封演聞見記曰：露布，捷書之别名也，自漢以來有其名。所以名露布者，謂不封檢而宣布，欲四方速知。亦謂之露版。魏武奏事云：有警急，輒露版插羽是也。